だいわ文庫

日本語の絶対語感

外山滋比古

大和書房

はじめに

「いつ、どのようにして、ことばを覚えましたか」

そう聞かれて、まっとうな答えのできる人はいないといってよいだろう。そういう私自身も、はっきり意識したことはなかった。いつとはなしに、自然に覚えたように思っていた。学校へ入るまで、ことばを教わった実感はなかったようにぼんやり考えていた。

鳥などが、生まれたばかりのヒナにしっかり早期学習をするインプリンティング（刷り込み）という習性を知ったときはたいへんおどろいた。

人間には、鳥のようなインプリンティングはない。人間の新生児が、インプリンティングという教育を受けてこなかったのには、それなりのわけがある。

人の子は、未熟な状態で生まれてくる。生後の保育を前提にしているからであろう。目はよく見えない。手足を動かすこともままならず、歩くことなどももちろんできない。

それでは、インプリンティングを行うことはできない。当分の間は、手厚い保育によって成熟を待つほかはない。

そんななかで、ただひとつ例外がある。五体が未熟であるのに、耳だけが、成熟に達した状態で生まれてくる。耳のはたらき、聴覚はもっとも早く発達するらしい。胎児《たいじ》が母親の観ているテレビの音に反応しているという研究があるという。どうして、聴覚が早く発達、成熟するのか、進化の神秘というべきか、よくはわからない。

いずれにせよ、耳がよく聞こえるのであれば、耳だけのインプリンティングをしなくてはいけないはずである。

ほかのところがすべて未熟な状態にあるからインプリンティングが行われないのであるが、耳のことを見落としていたことになる。耳のインプリンティングを怠《おこた》ってきたのは人類の大きな誤りであったといっても過言ではない。

生まれてくる子は、そんなことは知らず、生まれるとすぐに耳をはたらかせる。聞こえてくるさまざまな音のなかから、ことばを取り出す力をもっているらしい。鳥の鳴き声と人の声を区別できるようになる。母親の声がほかの人の声と異なることなど、かなり早い段階で判別可能になる。

それに対して、まわりのはたらきは、いかにも貧弱である。こどもにことばを教えなくてはならないということは多くの人が知っているが、どうすればいいのかがわからない。正しいことばなど考えたこともないまわりの大人たちの話すことばを手本にしたことばのしつけ、インプリンティングが不充分なものになるのは是非《ぜひ》もない。

教える人が、ことばをうまく話すことができるとは限らないし、ほかの人に向かって話していることばもある。ゼロからことばを覚えようとするこどもの困難は想像をこえるものがある。

それにもかかわらず、ほとんどすべての子が数十ヵ月のうちに、ことばを身につける。そのことばは、その子のことばである。ほかの子のことばと似ていても、どこか異なるところをもっている。私は、それを〝絶対語感〟と呼ぶことにした。

生後四十ヵ月から五十ヵ月くらいの間に、すべての子が、めいめいの絶対語感をもつようになっているのが人間である。

こどもは、聞こえてくることばを、ひとつひとつ拾っていく。バラバラで脈絡もないが、ことばの数が増えてくると、それを組織化する能力をめいめいのこどもが持っている。そうしてまとめられたのが絶対語感である。

つまり絶対語感は、教えられたものではなく、こどもがめいめいの力で結晶させたことばである。当然精神的な要素を含んでいる。昔の人が「三つ子の魂」といったのは、ここで考えている絶対語感にかなり近いもののように思われる。

幼児のときに養われた〝こころ〟は絶対で、いつまでもなくならない。「三つ子の魂百まで」といったとおりである。

絶対語感も、生涯なくなることのない精神的中核をなすと認めなくてはならない。人は絶対語感によって人らしくなっているのである。

ことばより知識を尊重するようになり、話すことばより読み書きする文字の教育のほうが一般的となって、絶対語感は変化しなくてはならなくなった。学校教育ではもっぱら文字知識の習得を目指してきたために、話すことばによる絶対語感を考えることがすくなかった。

そのために、ことばに充分な関心をもたない大人が増えてしまったのは大きな不幸だといわなくてはならない。

それにもかかわらず、ほとんどすべての子がめいめいの絶対語感を育《はぐく》んでいるのは奇跡的といってよく、人間に対する希望をいだかせることである。

こどもは、きわめてすぐれた言語能力を潜在させてこの世にあらわれる。両親が日本人の子は日本語を母語とするが、はじめから英語で育てれば、英語で絶対語感をつくる。

日本人が普通、発音できないような音も、絶対語感形成期なら簡単に発音できるようになる。

つまり、こどもは、言語的に万能能力をもって生まれてくるのである。大人たちが、しっかりとしたことばを身につけ、子どもたちにすぐれた教育をすれば、天才的能力を発現させることも可能である。

絶対語感を深化させることができれば、新しい知的人間が生まれることさえ期待してよいと思われる。

〝はじめにことばありき〟そして〝絶対語感あり〟である。

日本語の
絶対語感
もくじ

第1章 誰にでもある「絶対語感」

第2章 耳のことば、目のことば

第3章 はじめに、美しいことばありき

第4章

絶対語感で伝える親のこころ

第1章

誰にでもある「絶対語感」

生まれた直後から始まる、ことばの習得

「人間にとっていちばん大切なものは？」と、尋ねれば、多くの人がいのちだと答えるでしょう。それでは、そのつぎに大事なものは何でしょうか。昔の人のことばに、「一眼二足」というものがあります。まず目が見えないといけない。足がこれにつぐというのですが、これは、あくまで体のことです。人間が人間らしく生きるのに、いのちについで大切なのはことばです。

人は、ことばを使いこなすことで、動物がもたない「文化」をつくり、こころを育みます。

人が動物と異なるのは、ことば、火、道具の三つを使うからだといわれます

が、なかでも、ことばは、もっとも大きなものといえるでしょう。「人間は、考える葦《あし》である」といわれますが、その前に、まず、「ことばを用いる葦である」ということができます。

私たち日本人は、ことばを大切にする気持ちがないわけではありませんが、ほかの国の人にくらべて、かならずしも強いとはいえません。私たちは、古くから歌をつくるなど、独自のことば文化を生み出してきましたが、自分のことばをはっきりと意識し、それに誇りをもつことは、ほとんどありませんでした。長い鎖国の間、よその国の人との接触がなかったために、ことばに対する意識が育たなかったこともあるでしょう。

「ことば」というと、まず英語など外国語を思い浮かべがちですが、私たち日本人にとっての「ことば」とは「日本語」です。いまの日本人にとって、まず日本のことばを意識することが必要であると思われます。

人は、この世に生まれたその瞬間から、ことばのなかで生きていかなくてはなりません。生まれるとすぐ、ことばの習得から始まります。つまり、こどもを育てるには、何よりもまず、ことばを教えなくてはいけないということです。

聖書の『ヨハネによる福音書』の冒頭には、「はじめにことばありき」という、有名なことばがあります。「人類の歴史のもとのもとまでたどっていくと、まずことばがあった」という意味でしょうが、この聖書のことばを、ひとりの人間の一生に移して考えてみましても、やはり、「はじめにことばありき」ということができます。人類の歴史のはじまりと同じように、ひとりひとりの人間のはじまりも、まず、ことばでなくてはならないのです。

こどもを育てたり、教育したりするのは、私たち人間だけに与えられた高度な能力のように思われがちですが、じつはそうではありません。動物でも、哺《ほ》乳《にゅう》動物になると、驚くほどしっかりした教育が行われます。しばしば見られるのは、親が子のそばにいて、生きていくのに必要なことをあれこれ教えるやり方です。

動物はことばでは説明できないので、親は子の前で、いちいちやってみせます。子は、それをまねします。さきにものべましたが「インプリンティング」〝刷り込み〟です。やがて、子は親のする通りのことができるようになるのです。

このインプリンティングの間、親は、子といっしょにすごします。なかには、インプリンティングが終わるまでは、片時も子のそばを離れない鳥もいるといいます。自分の子を親が育てる「家庭教育」は、こうして動物でも行われているのです。むしろ、ある種の動物たちの徹底した家庭教育に比べると、人間の子育てのほうが、おくれているといってもよいのではないかという気もします。ことに、生まれたばかりの赤ん坊に対する教育については、動物たちのほうが、きちんと行っているといってよいかもしれません。

「はじめに」でのべましたが、人間の赤ん坊に対する教育が、とかくあやふやなものになってしまうのは、ひとつには、赤ん坊の生まれてくるときの状態にも原因があります。生まれてすぐ、親からインプリンティングを受ける動物は、ほぼ成熟した状態で生まれてきます。つまり、生まれてすぐの赤ん坊でも、親のすることをまねることができるのです。

それに引きかえ、人間の赤ん坊は、未成熟な状態で生まれてきます。目もよく見えず、手足を思うように動かすこともできません。人間は、母親の胎内から出たあと、ゆっくりと保育されることを想定して、この世に生まれるのです。生後すぐでは、親がインプリンティングをしようにも、できません。

このため、人間の赤ん坊には、体がしっかりと整ってくるまでの間、教育らしいことはできないということになります。動物にくらべて、人間の教育がおくれている理由です。

ところが、そこにひとつだけ、例外があります。

ことばです。

人間が、人間らしく生きるための手段としてのことばだけは、生まれた瞬間から、習得を始めることができるのです。これが、人の一生における、「はじめのことば」です。

こころを育てる「母乳語」

生まれたばかりの赤ん坊は、視力も運動能力も充分ではありませんが、聴覚だけはほぼ発達しています。母親の胎内にいるときからすでに、胎児は母親が聞く音を聞いているといわれます。母親がテレビを観ていれば、その音声に、胎児は反応しているともいいます。

こういうことを考えれば、耳からのことばの教育は、生まれたときから行わなくてはならないことがわかります。できるだけ早く始めなくてはいけません。ところが、ほかの能力が未発達なために、つい、聴覚もそうかと思って無頓着《むとんちゃく》になり、しっかりとしたことばの教育をしないまま、時をすごしてしまいがちです。

こどもにとって、生まれてはじめてのことばは、母親のことばです。もちろん、文字を教えたりするのではありません。ただ、ことばを聞かせるだけでよいのです。生まれた子にはなるべく早く、母親の声を聞かせるのが望ましいといわれています。

母親は、生まれてくるこどもにとってはじめてのことばの先生です。もしその先生が、ことばをきちんと話さないようなことがあれば、どうなるでしょうか。人間のことばの文化が、世代を超えて伝わらないことになってしまい、たいへんなことです。

そして母親はことばを教えるのに適しています。不思議なことに、古今東西を問わず、女性は男性にくらべてよくしゃべるといわれています。近ごろの説によれば、エストロゲンという女性ホルモンの影響で、女性は男性よりも言語能力がすぐれているのだそうです。つまり、こどもを産むことと、赤ん坊にことばを伝えていくことが、結びついているのです。

耳からことばを覚えていく赤ん坊にとって、先生である母親のことばはきわめて大切です。こどもにことばを刷り込むために、おかあさんは、とにかくよくしゃべらなければなりません。こどもは、それをくりかえし聞いているうちに、すこしずつことばを覚えていくのです。

この、はじめのことばのことを、私は、「母乳語」と呼んでいます。赤ん坊は母乳だけで、体がどんどん成長していきますが、それと同じように、こどもの内面は、母乳語によって育ちます。母乳が体の糧なら、母乳語はこころの糧というわけです。母親のことばだけで、こどものこころは、しっかり発達します。

アメリカでは、生まれたばかりのこどもに話す母親のことばのことを、「マザーリーズ」と呼ぶ人たちがいます。マザーリーズは、次のような特徴をそなえているといわれます。

・普通より、すこし高い調子の声で話す

・抑揚《よくよう》を大きくする
・くりかえし言う
・おだやかに、できれば、ほほえみを浮かべて話す
このなかでとくに注目したいのは、「くりかえし言う」ということでしょう。というのも、どんなに優秀な子でも、はじめて聞いたことばを、一度や二度では覚えられないからです。何度も何度もくりかえし聞いているうちに、自然にことばがわかってくるのです。くりかえしは、はじめのことばを習得する基本です。

母乳語でも、くりかえし言うという行為が、どうしても必要なのです。どんなことばをくりかえすかということについては、むずかしく考えることはありません。おそらく、こどもの身のまわりの人やものの名前などが、ごく自然に選ばれることになるでしょう。身近なものごとでないと、充分なくりかえしができないからです。

多くの母親は、そういう理屈などあまり考えずに、母乳語をわが子に与えて

います。だからといって、ことばは努力しなくても〝自然〟に覚えていくものだ、と考える人がいるとすれば、それははっきりまちがいです。しっかりとしたことばというものは、放っておかれて、自然に身につくものではありません。やはりこどもは、刷り込みによって、母乳語として身につけるのです。

離乳語

ことばとは、一種の記号です。いいかえれば、ものごとをことばに結びつける約束が、ことばの体系をつくりあげているのです。国によって、その結びつきの約束が異なるために、日本の「水」が、英語圏では「ウォーター」、ドイツ語なら「ヴァッサー」、フランス語なら「オー」になるのです。

母乳語は、まず、このものごととことばの結びつきの約束を覚えることから始まります。たとえば母親が、イヌを見るたびに「ワンワン」ということばをつかえれば、こどもの脳には、ワンワンということばが刷り込まれます。そして、そのうちに、イヌという動物と、ワンワンということばが結びつくようになります。これが、ことばを覚えるということです。

もちろん、一度や二度ではありません。何度も刷り込みが必要なのです。ものを学び、覚えるために、くりかえすということは、もっとも大切な原理ですが、ことばも例外ではありません。

このようなやり方で、充分に母乳語を与えられた子は、ものとことばの結びつきを自然に体得することができます。この過程に必要な期間は、およそ三年。昔の人が「三つ子の魂」といった〝三年〟はこれをさしていたのかもしれません。

さて、人間のことばが、イヌという動物をイヌということばと結びつけるだけのものなら、ことばの習得はここでおしまいということになります。けれども、人間にとって、ことばとはそれほど単純なものではありません。自らをホモ・サピエンス（知恵ある人）と称する私たち人間は、母乳語とは別の、より高度で複雑な、もうひとつのことばを身につける必要があるのです。

母乳語で表すことができるのは、具体的なものごとに限られます。つまり、ことばは、ひとつひとつ、ものごとと結びつくという約束があり、それが母乳語の基本です。

これに対して、人間のもっているもうひとつのことばがあります。ものごとかならずしも一致しないことばです。母乳語のように、目に見えたり、触ったりすることのできる〝具体〟を指し示すのではなく、目に見えない、抽象的な〝ものごと〟を表すことばなのです。このとき、ことばと、ものとの関係が断ち切られています。母乳語で結びつけた、ものとことばとの関係を、こんどは切り離さなくてはいけないのです。

せっかく結びつけた、ものごととことばの結びつきを切り離すのですから、はじめてのこどもにとっては、じつにたいへんなことです。このため、母乳語については、ほとんどのこどもがうまく身につけられるのに対して、こちらの抽象的なことばについては、よく習得できないこどもが、すくなくありません。この段階のことばを、「離乳語」と考えています。

母乳を飲んでいた子がやがて離乳するように、母乳語を与えられていたこどもは、やがて、抽象的なことばの使い方をする離乳語へ切り換わらなくてはなりません。もちろん、ことばの離乳は、実際の離乳と違って、離乳したあとも、母乳語と離乳語の両方のことばをともに使い続けるという特徴があります。具体的なものと結びついた母乳語と、抽象的なものを表す離乳語。この二つの言語の併用によって、人間は高度な文化をつくりあげてきたのです。

こうした二種類の言語を意識しながら、子育てをしている母親は、あまりいないのではないでしょうか。多くの場合、母乳語だけで子育てが終わってしまい、離乳語への移行が、きちんと行われていないように思われます。こういうあいまいなことばの教育は、やがて、言語能力の形成に、大きな影響を及ぼすことになります。

「ウソ」がつけるということ

　母乳語は、具体的なことばです。イヌといえば、本当のイヌ、あるいは、イヌの絵がなくてはいけません。イヌを見たことのない子に、イヌということばを教えることはできないのです。

　これにたいして離乳語では、ことばはかならずしも、ものごとと結びついていなくてもよいのです。そのものが実在していなくても、あるかのように、ことばを使うことができるわけです。

　たとえとして、イソップ寓話《ぐうわ》にある、オオカミ少年の話を例にあげてみましょう。

　少年が、村人たちに、

「オオカミが来た」

と言ったとき、このことばは、事実とは結びついていませんでした。つまり、ウソだったのです。しかし、村人は、そのことばを本当だと思い、大騒ぎをしました。おもしろがって少年は何度もウソをつき、そのたびに村人はだまされました。何度もくりかえされると、村人はようやく、このことばが事実の裏づけのない、ウソだと悟るのです。

このオオカミ少年のことばが、離乳語のひとつです。つまり少年は、離乳語を悪用して、村人をおどろかせたのです。

このように、離乳語の特徴のひとつは、ウソがつけるということです。そう言うと、ウソなどつけなくてもよいではないかという人も、いるかもしれません。けれども、ウソというのは、人間の文化のなかでは、大切な役割をはたしているのです。

フィクション、創作、発見、発明など、人間が新たにつくり出すものはみな、ウソから生まれたマコトといっても過言ではありません。人間は、価値のあるウソをつぎつぎとつくり出しながら、文化を築いてきたのです。ウソは他人の迷惑になることがあるために、モラルとして抑制され、いけないことになっていますが、他方で、人間がウソをつくことができなければ、これまでのような文化が生まれなかったのははっきりしています。文化のむずかしいところでもあります。

こどもが母乳語から離乳語の段階に入り、離乳語の習得がすすんでくると、つくり話やホラ話を喜ぶようになります。この時期に、正直が大切だというのでいっさいウソを認めないようなしつけをしてしまうと、こどもの想像力が萎《い》縮《しゅく》してしまうおそれがあります。子育てをしている母親を見ていると、そのようなことが、しばしば起こっていることに気づかされます。

ウソをきびしくいましめるところでは芸術が栄えないといわれます。ウソは困りますが、自由な想像力を失ってしまっても困るのです。正直を大切にした社会では芸術や創造が伸びないのは歴史の示すところです。

ウソは、人の迷惑にならない限りは、許容することも必要です。離乳語は、豊かなウソをつくり出しながら、想像力を高め、頭のはたらきをよくする作用があるのです。母乳語と調和しながら離乳語を発達させるこの時期は、こどもごころ、つまり三つ子の魂が、できる時期に当たります。はじめにことばありき、ということばは、三つ子の魂にもいえることなのです。

「耳のことば」で頭は良くなる

万葉集の有名な歌に、

——そらみつ　大和の国は　皇神の　厳しき国　言霊の　幸はふ国と　語り継ぎ　言ひ継がひけり

というのがあります。日本という国が、「言霊の　幸はふ国」つまり、ことばが豊かに栄える国なのだということをうたった歌です。日本人は、万葉集の昔のころは、自分たちの使うことばの豊かさを意識していたと考えることができるかもしれません。

しかしながら、日本語が豊かだったのは、口で語ることばではなく、おもに目で見ることばだったように思われます。なぜなら、日本では、話すことばよりも、文章や記録のほうが、権威をもっていたからです。契約などをするときには、「口約束は当てにならない。証文を入れてほしい」などと言ったりします。つまり、「目のことば」が、「耳のことば」に優先するのです。

大人がこどもにことばの教育をするときにも、同じことがおこります。まず文字を教え、文字を読むことを教えようとします。幼稚園なども、競って文字の教育をしています。そうして、こどもが早く文字を読めるようになると、それを喜ぶのです。声よりも文字のほうが高級だと思い込んでいるかのようです。

そうした「目のことば」優先による弊害《へいがい》には、ほとんどの親が、気がついていません。こどもたちは、幼いころから「目のことば」ばかり重視されるので、「耳のことば」が自然におざなりになります。刷り込みが行われなくてはならない幼児期に、きちんとした刷り込みを行わずに、そのまますぎてしまっているのです。

こうした「耳のことば」の軽視は、日本人の特徴といえるでしょう。現代に限らず、昔から、日本人は、耳よりも目のことばを上位においてきたために、欧米人などとくらべると、聴覚的理解力が劣っているのかもしれません。つまり、耳がよくないのです。話を「聴く」ことが下手なのです。つまらないことならともかく、こみ入った、むずかしいことが、なかなか聴けない。もちろん、これは、耳の訓練を受けていないから、そうなるので、幼いときに、しっかり聴くしつけをしておけば、こんなことにはならないでしょう。

耳のことばが大切なのは、それが、こどもの知的発達にも、大きく影響しているからです。耳でことばを聴き分けることで、頭は良くなるのです。

「聡明」ということばがあります。

理解力や判断力がすぐれている、という意味ですが、「聡」という字を見ると、耳偏《へん》がついています。これは、耳でよく聴くことができる状態を表しているのです。「明」は、目がよく見えるという意味です。よく聴こえ、よく見られる人が聡明だということになりますが、聡、つまり耳のほうが、明、つまり目よりも先に立っていることがおもしろいところです。まず、耳で聴くことが、聡明だというわけです。

生まれてすぐに始まることばの教育は、耳のことばです。どんなに変わった親でも、生まれたばかりの赤ん坊に、文字を教えようなどとは考えないでしょう。はじめのことばである母乳語は、かならず話すことばになります。

このごろは具体的な母乳語の段階から、抽象的な離乳語へ移る時期に、早まって文字を教えようとすることもあるようです。とくに、早期教育を考える人に、こういう傾向がみられます。ヨーロッパでも、昔は、三歳くらいのこどもに文法を教えたという例もありましたが、こどもにとってたいへん迷惑な教育です。のちのちの知的発育にも、影響したのではないかと考えられます。

はじめのうちは、抽象的なことばも、耳から聴かせる必要があります。そのためにどうすればいいのかというと、〝お話〟を聴かせることです。お話は、一見、具体的なことばで成り立っているようですが、じつは、超現実的な世界です。本当にあったことではない、フィクションです。たとえ実際にあったことでも、お話になった段階で、フィクションになります。ウソです。現実には存在しないおとぎ話や昔話を、耳から聴いて育つことで、こどもは抽象の世界で賢くなることができるのです。

小学校へ入ると、文字を習います。これは、目のことばです。目のことばの段階に入って、もう一度、具体的な、母乳語に相当することばから始まり、やがて、すこしずつ、離乳語に相当する抽象的なことばへと移行していきます。

ところが、小学校の国語では、この具体語から抽象語への切り換えがうまくいっていないのです。教える側でもそれなりに努力はしてはいるものの、なかなかうまく移行が行われていないようです。ここでも、母乳語と離乳語という二つの言語を意識していないために、ことばの教育があやふやになっているのです。

問題は、国語だけではありません。なぜなら、この抽象的言語というものは、すべての勉強に関係するからです。抽象的言語がわからなければ、理科も社会もわからない、ということになります。二つの言語の切り換えが不充分だということは重大な問題です。こどもの教育のことを真剣に考えれば、どうしても無視できないところだといえるでしょう。

小学校へ入って以後の知的能力を伸ばすためには、まず、その前に耳のことばの世界で、母乳語と離乳語という二つの言語をしっかりと身につけさせることです。早期教育として、先に目のことばを急いで教えてはいけません。入学前に耳で抽象的言語を理解できるようになっているこどもは、小学校入学後に、目のことばでも、スムーズに理解するようになります。逆に、うっかりして、あやふやなままこの時期をすごしてしまうと、一生の間、抽象的なことばがよくわからずじまいということにもなりかねません。この時期に、二つの言語のしつけをすることは、あとあと知的能力を伸ばすのに、欠かすことができません。

おとぎ話の効用

母乳語から離乳語への移行をきちんと行うために、親は、どのようなことをすればよいのでしょうか。

まず、おとぎ話や昔話を聞かせることですが、これは、できるだけ、夜のこどもが寝る前にします。まっ昼間に話して聞かせると、「どうして、イヌやキジやサルが口をきくの」などと質問をしかねません。そうなると、大人はなんと答えたらいいのかわからないでしょう。

夜、すこし眠くなりかけたこどもに、暗がりのなかで、添い寝をしながら話してやるのが、いちばん効果的です。そうすれば、こどもは、現実的な質問をすることもなく、お話の世界に引き入れられながら、眠ってしまいます。

そして、こどもには、同じ話をくりかえして話すことが大切です。大人はよく、同じ話では飽きてしまうのではないかなどと心配しますが、こどものことがわかっていないからです。こどもは、むしろ、同じ話を何度もくりかえし聞くのが好きなのです。もちろん、毎晩続けることはありませんが、同じ話を、おりにふれて何度も聞かせます。このごろは、読み聞かせが流行のようになっていて、こどもに本を読んでやる母親が増えたようですが、本を読むよりも、お話を語って聞かせるほうがよいでしょう。母親が、自分のこどものときに聞いた話ができればいちばんです。こどもはひときわ興味をもつようです。

聞かせる話は、翻訳された外国のものよりも、日本のおとぎ話が適していま す。耳のことばとしてみると、翻訳されたものには、ことばに問題のあることがすくなくないからです。お話は物語が中心にはなるでしょうが、ときには、一休さんのとんち話のように、すこし理屈のあるものも加えると、いっそう効果的でしょう。

こうして、三歳ぐらいから、おとぎ話中心の離乳語の教育を始めるとして、二年くらいの間に、十から十二、三くらいの話を聞かせれば、充分でしょう。

就学前に離乳語の教育がきちんとなされていれば、こどもが小学校に入学してからの勉強もうまくできるようになります。

日本の小学生は、外国のこどもにくらべて、算数の文章題のできがよくないといわれていますが、これは、ひとつには、離乳語がしっかり身についていないからだと思われます。

算数で、次のような問題があるとします。

「太郎くんが鉛筆を二本、花子さんが鉛筆を三本もっています。ふたりの鉛筆を合わせると何本になりますか」

この問題は、いかにも具体的なことがらのように思えますが、じつは、抽象的に考える必要があります。こどもの経験の外にあることばだからです。

母乳語しかわからないこどもは、この問題を見て、「太郎くんって、どこにいるのかな」「花子なんて聞いたこともない」「鉛筆って、どんな鉛筆なのか。

色鉛筆か。削ってあるのか」などと、よけいなことを考えるかもしれません。つまり、ことばをひとつひとつ、具体と結びつけないと、理解できないのです。二とか三といった数字は抽象概念なので、そういうこどもは指を折ってみないとわからなかったりするのです。

ところが、おとぎ話で抽象語の洗礼を受けている子だと、太郎くんも花子さんも、桃太郎という名前と同じことだということが、すぐにわかります。名前はついていても、会うことはできないことを知っているのです。日本一おいしいという桃太郎のキビダンゴは、どんなにおいしくても、もらっておやつに食べることはできないことを知っています。それと同じように、太郎くんや花子さんの鉛筆も、実際に字を書くことのできる鉛筆ではないことがわかるのです。したがって、「どこにあるかわからないけれど、鉛筆というものがあるとして」問題を解くことができるのです。

「自分の経験の外にある」ものが、すんなり頭に入っているかどうかで、知的学習の成果に大きな違いがでてくるのです。

母乳語を三十カ月、離乳語を三十カ月として、合わせて六十カ月。この時期、ことばをしつけることができれば、こどもの、はじめのことばのインプリンティングは完了したと考えることができます。この刷り込みがうまくいくかどうかで、こどもの一生の知的能力が大きく違ってくるのです。

昔の人が、「三つ子の魂百まで」といったのは、まさにこの時期のことです。ことばだけでなく、人間の精神的個性が、この間に決定されることを、昔の人は、直観的にとらえていたのでしょう。この時期は、文字以前のことばが自然に習得される時期で、耳の賢明さというものを育てるのに、決定的に大切です。

こうして、離乳語の教育さえきちんと行っておけば、ほかに教育は受けなくても、すくなくとも耳の聡明さだけは、しっかりと身につけることができます。学校教育のなかった昔の人は、そういう聡明さをもって、一生をすごしたのだと想像されます。現代は、文字に偏ったことばの教育だけに頼り、耳で聴く訓練、刷り込みがおろそかにされています。耳の聡明さを身につけぬまま、年をとっていく人がたくさんいるのは、まことに悲しいことです。

絶対語感とは何か

ことばの習得は、一にも二にも、くりかえしです。ことばだけでなくすべての学習の基本は、反復と継続です。どんなに困難なことでも、これによって体得できないものはほとんどありません。なかでも、もっとも早く、もっともはっきりしているのが、ことばの習得です。

わからないことばでも、くりかえしくりかえし聴いているうちに、やがて、わかるようになります。これは、人間にのみそなわっている、すばらしい能力です。それによって、ほぼ例外なく、こどもはことばを身につけることができるようになります。

ことばをくりかえし、くりかえし、聴く。それを相当の期間継続するということでことばは習得されます。

その結果、ことばは、なかば無意識にわかるようになります。考えなくても使えます。こうして「習い」となったものは、おのずと深化して、精神的なものをつくり上げるようになります。昔の人は、これを「習い性《せい》となる」ということばで表しました。ヨーロッパでは、同じことを「習慣は第二の天性なり」と、いいます。

こどもの教育では、こころを育む、ということがしきりにいわれます。しかし、いったいどうしたら豊かなこころが育つのかについては、かならずしもはっきりしていません。何もわからないで、ただ、こころ、こころと言っているにすぎないのです。

こころというものは、はじめからどこかに存在するものではありません。こころを育むなどというと、まるで、こころというものをどこかからもってきて育てるかのような印象を与えますが、そうではないのです。

幼いころから、よいこと、のぞましいこと、普通のことをくりかえししつけ、刷り込んでいくと、自然に習慣ができあがっていきます。そうした習慣のなかから、にじみ出るように生まれてくるのがこころです。こころがはじめにあるのではなく、習慣から生まれるものなのです。もし、よくない習慣をつければ、よくないこころが芽生《めば》えることになります。よいことを習慣化したときにはじめて、望ましいこころが育まれるのです。

では、何を習慣化すればよいのか。いうまでもなく、まず、ことばです。刷り込みによって習慣化され、ほとんど無意識化されたことばが、おのずとこころになっていくのです。かりに、こどものこころが荒《すさ》んでいるとすれば、それは、乳児期から幼児期にかけての、ことばのしつけや刷り込みにどこか足りなかったことがあったのだと考えられます。

この時期のことばの習得は、こころの形成のほかに、もうひとつ大事なものがあります。いわゆることばの魂です。幼いときに一生にかかわる三つ子の魂が形成されるのと同じように、ことばにおいても、一生にかかわることばの基本が決定されます。それを私は「絶対語感」と呼ぶことにしました。

絶対語感は、母など、まわりから学んだことばが中心となって形成されています。母のことば、つまり母語にもとづくものなのです。英語では、自国語のことをマザー・タング（母のことば）といいますが、これも、ことばが母から伝えられることをあらわしています。

絶対語感は、ことばを使うすべての人が、無意識にもっていることばの規範といえます。文法、発音、語彙《ごい》、調子、アクセントなどはすべて、この絶対語感によって、決定されています。ひとりひとりの絶対語感は、自覚することはまれですが、それぞれ微妙に異なっています。

絶対、というと、絶対音感ということばを思い浮かべる人が多いでしょう。音楽の勉強をするには、絶対音感の訓練を受ける必要があるとされています。けれども、ことばを使うのに、絶対語感がなくてはいけないなどと考える人は、いまのところいないといってよいでしょう。

ところが、実際には、ほとんどすべての人が、めいめい絶対語感を身につけています。

「ボクは本の買いにいく」などということばを聞けば、すぐに間違いに気がつきます。「きのうは天気が悪いだろう」と言うのを聞いても、すぐおかしいと思います。関東地方では、「うちら、そんなことようせんワ」は、よその地方の言い方だと感じられます。いずれも、めいめいの絶対語感と照らし合わせて、普通でない、とか、誤っていると思うのです。

アクセントは、関東と関西では、ほぼ、逆になっています。「橋」は東では「シ」が高く、「ハ」は低い。西はその逆になります。「箸」は「ハ」が高く、「シ」が低いのが東。西はその逆です。こういう点で、日本語の絶対語感は、東西で大きく違っているのです。お互いのことばに違和感をいだくのは、それぞれの絶対語感が異なっているからです。

共通語や標準語というルールがあっても、絶対語感にまで及ぶことはできないのです。

たとえば「クラブ」ということばは、もとは「ク」を高く「ラブ」を低く発音するのが一般的でしたが、最近では、「ラブ」のほうに力の入った発音が、若い世代を中心に増えています。いわゆる「平板化現象」といわれるものですが、このように、地方や世代によって絶対語感に、変化が起きているのです。

つまり、地域だけでなく、世代によっても、絶対語感は差があるのです。さらに、同じ地域、同じ世代であっても、ひとりひとりの絶対語感は、微妙な差をもっています。絶対語感とは、社会性を帯びているという点で、一般の同一性とは異なるものなのです。

ひとりひとりのなかで不変であるところを絶対的考え、その聴覚を絶対語感とするのです。

絶対語感は、ひとりの人のなかに存在することばの体系、システム、原理です。他の人とすこしずつ、あるいは大きく違いをもちながら、その人個人のなかで、ひとつのまとまりをもって存在しているのです。そのたいへん重要なものを、たった数年のうちに、しっかりと身につけてしまう人間の力には、おどろくほかはありません。

人がことばを習得するには、さまざまな表現を聞いて覚えますが、それでもなお、あらゆることば、すべてのことばに接することは不可能です。ところが、いったんことばが習得されて、絶対語感ができますと、いままで聞いたこともないことばであっても、理解できたり、使ったりすることができるようになります。教わらないことばでも、わかり、使える。これが、絶対語感の大きな特徴です。絶対語感が形づくられてしまうと、自分で新しいことばの表現を生み出すことができるようになります。

絶対語感は、いわば、ひとりひとりに固有の「ことばのルール」ということもできます。そのルールは、ほぼその人の一生にわたって、すくなくともかなりの長い期間、変わることはありません。その人だけがもつ「ことばの個性」です。

たいていの人は、それを自覚せずに暮らしています。しかし、よその人や昔の人のことばなどに触れると、あるいは、あれっと思うようなことばに出合ったときに、それをおかしい、変だ、誤りだと感じるのです。いずれも絶対語感のなせる業《わざ》ということになります。

きちんとした母国語

日本では戦後、方言を恥じる風潮が広まり、県単位で、方言撲滅《ぼくめつ》運動を展開したところさえあります。その後、すこし風向きが変わって、方言には、共通語にないぬくもりがあるとか、こころが宿っているなどと、方言見直しの考えが見られるようになりました。いまでは、方言の復権とはいかないまでも、親しい間柄のコミュニケーションでは、方言がよいとする若い人たちも増えてきているようです。

ただ関西弁だけは、戦後もずっと、一度もつよく否定されることなく続いてきたのは、珍しいといえます。関西の人が、胸をはって関西弁（というものは、じつは正確には存在しないのですが）を使い続けてきました。いまでは東京の人に影響して、一部では、関西のことばをまねておもしろがる人たちが現れるまでになっています。

方言は、地域から自然に生まれたものですが、ひとりひとりの絶対語感によって支えられています。

母親は、こどもを育てるときに、自然に方言を使います。こどもは、母乳語、離乳語ともに、方言によって知らずしらず、身につけることになります。このようにして、方言の語感は、親から子へ受け継がれます。これがくりかえされて、何百年もの間、方言は、すこしずつ変化しながらも、ほぼ伝統的なかたちを保って、生きてきたのです。このようにして培《つちか》われてきた方言には、土地の人たちのこころが宿っています。だからこそ、共通語には翻訳できないような、多くのものが含まれているのです。

ところが、戦後の混乱期には、こどもを育てる母親が、自分の方言を恥じて、聞きかじりの共通語で子育てをしようとしたこともありました。何しろ、「日本語を母国語にしたから、日本は戦争に負けたのだ。フランス語を母国語にすればよかった」と、まじめに論じた大作家さえいたほどです。そのようななかで、方言が恥ずべきものと考えられたのは、しかたのないことだったのかもしれません。さらに、高度成長期には、農山村から、おびただしい数の人たちが都市部へ移住しましたが、こういう人たちは、生まれつき身につけている土地のことばと、新しく住むことになった都市のことばとの二重言語の生活を余儀なくされることになりました。

このように、戦後は母親の絶対語感がこどもに受け継がれにくいという状況が生じました。これでは、こどもの絶対語感が揺れないはずはありません。しかも、ことばというものを大切にしなくなってしまった日本人は、ことばがどれほど人間の精神生活にとって重要なものかという反省をすることもなく、ことばをなおざりにしました。

いまでは、方言はいけないという考えこそ、一応おさまったものの、今度は、日本語よりも英語のほうが高級なことばだという考えが広まっているようです。英語は将来のために必要だと考えている母親が多いのではないでしょうか。幼稚園から英語を教えるところもあり人気を集めています。それをおかしいと思う人もすくないようです。

日本人は外国から隔絶《かくぜつ》された島の国に長く住み続けたために、母国語の大切さというものを忘れてしまったように思われます。

はじめにことばありき。ことばなくして人間なし、ということもできます。日本語、さらには親から受け継ぐ母のことば、母国語をしっかりしつけて、絶対語感をつくりあげることを真剣に考えないと日本人は弱くなってしまうおそれがあります。ことばが人間のこころの原点だということを、忘れてはならないでしょう。

「第 2 章」

耳のことば、目のことば

ゆっくり、かみくだいて、くりかえす

幼稚園のこどもの言うことを聞いていて、よくわからないことがあります。

「オッしたい」

などと言うのです。「オシッコシタイ」の片言ではありません。速くしゃべりすぎるから、ことばが崩れるのです。

どうしてそんなことを言うようになるのか、などと考えるまでもありません。ふだん接している母親が、早口でまくしたてているからです。どういうものか、最近の母親は、せわしないのです。こどもにも、いつも「早く！　早く！」と言っています。しゃべることばでも、ゆっくりしてはいられない。早口でしゃべるために、こどもには、はっきり聞きとれないのです。そこで、こどものほうはしかたなく、ただ、口まねをしていると、「オッしたい」と言うようになってしまうのです。うっかりするとそれが、絶対語感になるかもしれません。

先にものべましたが、アメリカでは、幼児に話すおかあさんことば「マザーリーズ」は、「ゆっくり、くりかえし話すように」と教えます。早口では、ことばを正確に伝えることができないのです。大人同士と同じような話し方では、こどものことばは育てられません。

早口になっているのは、こどもに接する母親だけではありません。世の中全体が、早口になっています。

英文学者の土居光知教授が、かつて、こういう調査をしたことがあります。京都で、三代夫婦のそろっている家庭の人たちを何組も選んで、同じことを言ってもらい、その時間を測りました。すると、いちばんゆっくりだったのが、祖父母の世代、ついで、親世代。そして、孫の世代が、もっとも速くしゃべったというのです。どの家庭でも、そういう結果が出たといいます。つまり、ここ百年ぐらいの間に、どんどん早口になってきているというのです。

戦後、徳川夢声という有名な声優がいました。たいへんな人気を博した人で、ラジオで「宮本武蔵」などを語って、天下を魅了していました。

ところが、いま、テープを聞くと、

「そのとき、武蔵は、しずかに立ち上がり……」

と、いかにも、ゆったりしています。というより、間のびして聞こえるほどです。これが、かつては名調子といわれた人の語り口であるといわれても、すぐには納得できないかもしれません。

スピードを測ってみると、一分間に、二〇〇字くらいのスピードです。いま、たとえばNHKのテレビのニュースでは、アナウンサーによって違いますが一分間に三〇〇字くらいの速度で原稿を読んでいるようですから、ずいぶんゆっくりだったことがわかります。

あるとき、こんな調査が行われました。

同じニュース原稿を、同じアナウンサーに、一分間二五〇字、二八〇字、三〇〇字という三通りの速さで読んでもらい、それを視聴者に聞かせて、どれがいちばん聞きやすいかをたずねたのです。調査した人は、早口の時代だから、まん中の二八〇字程度がいちばん聞きやすいといわれるだろうと、あらかじめ見当をつけていたそうです。ところが、結果は、三〇〇字のスピードが、いちばんだったというのです。しかも、おもしろいことに、各世代とも一致して、もっとも速いスピードが聞きやすいと答えたというのです。若い人たちはともかく、年をとった人たちまで、早口のほうを好んでいるわけです。絶対語感の変化です。

アナウンサーは別にしても、実際に、テレビやラジオでしゃべっている人は、一般に早口です。早口流行のさきがけは、黒柳徹子さんだったのではないでしょうか。たいへんなスピードでしゃべっています。ただ、黒柳さんの場合は、発声の訓練を受けているらしく、いくら速くしゃべっても、ひとつひとつのことばは正しく発音されているので、さわやかな印象を与えます。これに対して、きちんとした訓練を受けていない人のことばは、早口になるとよく聞きとれなくなってしまいます。

アナウンサーのように、ニュース原稿を読む人は、まだゆっくりですが、自分のことばで話すニュース・キャスターは、早口が多いようです。ＮＨＫのニュース・キャスターも、代がかわるたびに、いよいよ早口になってきたようです。以前、木村太郎氏が担当したときなどは、一分間に五〇〇字以上のスピードでしゃべるといわれました。これは、徳川夢声の倍の速さです。さすがに、語尾が崩れていましたが、そんなことはどうでもよいらしく、その番組はたいへん人気があり、好評だったようです。

いまではまるで、テレビ全体が早口競争でもしているのかと思われるほど、全体の口調が速くなってきています。わけのわからないようなことを口走るアナウンサーまで現れています。

また、たいていの場合、関西の人は、東京の人間よりも、テンポが速いように思われます。上方漫才などは、方言の違いもあるのでしょうが、東京の人間には、速くてついていけないこともあり、笑うにも笑えない漫才になってしまいます。

この早口は、日本だけのことではありません。

アメリカには、こんなエピソードがあります。あるテレビ局で、担当者がうっかりして、コマーシャルのテープを早まわしにして流してしまったことがあるそうです。局側が青くなっていると、それがなんと、大好評で、PR効果もぐっと上がったというのです。このため、その局では、それまでより、CMの速度を上げたというのです。

アメリカでは、速くしゃべったほうが、知的な感じになるといわれているようです。たしかに、ことばは速く話されると知的または軽い印象を与え、ゆっくり話されると情緒的な印象を与えます。言い換えれば、ゆっくりした話し方はウェットになり、速いしゃべり方は、ドライに響くのです。知的でありたい、人から知的だと思われたい、という人がふえている現代では、早口になるのは、しかたのないことなのかもしれません。

現代人の早口ことばは、軽い印象にはなるかもしれませんが、かならずしも知的な印象は与えていないように思われます。むしろ、いまの人々が、ウェットなものよりも、どちらかといえばドライなものを求めている心理の表れと考えるべきなのかもしれません。

世の中が早口になればなるほど、こどもの絶対語感はあやふやなものになるのではないでしょうか。たとえば、生まれたばかりの赤ん坊や、離乳食になったばかりの幼児に、いきなりかたいステーキなどを食べさせる親はいないでしょう。それと同じように、どんなに世の中が早口になったからといって、母乳語、離乳語を必要とするこどもには、母親がやわらかくかみくだいたことばが、どうしても必要なのです。そうして、ことばをきちんとよくかんでから覚えたこどもは、いずれ早口になってもきちんとしたことばづかいができるようになります。

知的世界を開く「目のことば」

戦後、日本へ来たアメリカ人が、日本人を見ておどろいたことが、二つあるといいます。ひとつは、いたるところで、腰をおろしている。どうして立っていられないのか、というのです。

それは、日本人としては、無理もないことでありました。何しろ、食べるものがロクになかったのです。立っていたくても、立っていられません。それで、ところかまわず腰をおろしていたのです。

もうひとつ、アメリカ人が奇異に感じたのは、乗り物に乗っている人が、みんな本などを読んでいるというのです。どうして、日本人はそんなに読書が好きなのかと、いぶかったのです。

これも、理由ははっきりしています。ほかに楽しみ、することもないから、本や雑誌を読んでいるのです。その証拠に、日本でも気候の厳しい地方ほど、読書する人が多いようです。すくなくとも、活字を読む人が多いのが気候のきびしいところであるのは、確かでしょう。東海地方など暖かい地域にくらべて、日本海側の寒いところには、昔からどこの町でもびっくりするほど大きな書店がありました。本が好きで読んでいたのではなく、ほかの楽しみがなくて、本を読むのです。すくなくとも、戦後しばらくの間は、そうした理由から、日本人は読書を好んでいたのでしょう。

このごろは、本が読まれなくなったと嘆く声を聞きます。これだけ娯楽が多くなってくると、本を読むことが楽しみだと考えるような人間は、すくなくなってもおかしくないでしょう。学生などが勉強のために本を読むことさえ、すくなくなってしまったといわれます。

大学生に聞いたところでは、学校以外では、本をまったく読まないという学生は、別に珍しくもないといいます。読むとすれば、漫画だといいます。つまり、絵のついた本しか、読まれなくなっているというのです。かつての本好きな日本人は、いったいどこへ行ってしまったのか。

その多くは、おそらく、テレビに吸い込まれ、消えてしまったのです。テレビは、動く絵本のようなものです。何も考えなくても、観ていればわかります。ところどころでむずかしいことばも出てきますが、聞き流していればいいから、気楽なものです。テレビを観はじめたら、本などは面倒で、むずかしくて、とても読んではいられない、ということになるでしょう。

こどもの絶対語感は、耳のことばが基本になっていることはすでにお話ししましたが、母乳語、離乳語を習得したあとは、もちろん目のことば、つまり文字によることばの習得が、必要となります。耳のことば同様、目のことばに関しても、適切な時期にきちんとした絶対語感を養っておかなければ、おとなになってからの読書にすくなからず影響を及ぼします。漫画以外は本を読まないという学生は、目のことばの絶対語感が充分養われることなく成長してしまっているのかもしれません。

読むことは、ただ字が読めることとは違うのです。
耳のことばの教育が、こどもの知的能力の翼を大きく広げるのと同じように、
目のことばの教育も、こどもの知的世界の扉を大きく開くものなのです。

頭を鍛える「ベータ読み」

ひと口に「読む」、といいますが、読むとはどういうことか、あまり考えたことのない人がとても多いようです。学校で国語を教えている先生にしても、「読む」ことについて、きちんと考えたことのある人はすくないのではないかと思われます。それで、本当の読み方を教わることがないまま、我流に本を読むようになります。しかも、せっかく読むことを覚えても、時間をテレビに取られてしまうのです。これでは、本を読む人間がすくなくなるのも当然でしょう。

「読む」ということを考えると、読み方には、二通りあることがわかります。

ひとつは、文字に書かれていることが、既知、つまり、あらかじめ知っていることのとき。「さいた、さいた、さくらがさいた」という文章なら、小学一年生でも、なんのことかすぐに理解できます。このような読み方の場合は、声に出して読むだけで、読みは完了します。「既知の読み」です。

同じように、遠足から帰ってきたこどもが、いっしょに行った友達の書いた遠足の作文を読むようなときも、この既知の読みになります。既知の読みの場合は、ゆっくりと丁寧に読まなくても、ざっと読めばわかります。内容がわかっているからです。

このように、わかっていることの書いてある文章は、読めばすぐわかります。こういう読み、「既知の読み」を、かりに「アルファ読み」と呼ぶことにしましょう。

これに対して「ベータ読み」という読み方があります。

書いてあることが、読むもののよく知らない、未知のことがらの文章を読む場合です。これがベータ読みです。

かりに、ある小学六年生が、「ことばと、それを表すものごとの間には、切っても切れぬ結びつきはない」という文章を読んだとします。

こどもにはまったく意味がわからないでしょう。ことばの意味がわかれば理解できるはずだと思い、ことばのひとつひとつを辞書で引いてみても、かえって混乱してしまいます。

それは、内容が、読む者の理解を超えているからです。つまり、自分の知らないことを活字から読み取るためには、ベータ読みが必要です。すでに知っていることを読むアルファ読みで読もうとしたからわからないのです。

アルファ読みは、すでに知っていることを読むときの読み方ですから、新しい世界が広がることはありません。アルファ読みしかできない人は、本を読んでも、本当に読んだとはいえないのです。

これに対して、ベータ読みができれば、わからないことを読んでも、何とか理解することができます。知らないことを読んで、知見をひろめ、こころを大きくしていくことができます。ベータ読みができてこそ、本当に読める、ということができるのです。

ベータ読みをするには、思考力を使わなくてはなりません。想像力をはたらかせ、わからないことがあっても、自分の頭を使って解釈しながら読むのが、ベータ読みです。そうして読み進めていくと、どうにか、自分なりにわかった、というところまでいくことができます。ベータ読みができるようになっているのです。そうして、人は、文字から未知を読み取ることができるようになるのです。これが、本当の読みというものです。

ところが、この過程が面倒です。むずかしいからといって、しっかりベータ読みをする人がすくなくなってしまいました。アメリカ人をおどろかせたという、かつての本好きも、おそらく多くはアルファ読みであったと思われますが、それすら消えて、本から遠ざかってしまったのは、残念なことです。

こどもにベータ読みをさせるには、このごろ多くなってきた読み聞かせが有効でしょう。ただ、母親だけが読むのではなく、こどももいっしょに声を出して読むようにすると、より効果的でしょう。

わからない文章を読む

江戸時代に行われていた読みの教育に、漢文の素読《そどく》というものがあります。素読は「そよみ」「すよみ」ともいわれるもので、いまでいえば、音読にあたります。ただし、普通の音読と異なるのは、意味をいっさい考えずに、ただ声に出して読むというところです。

素読は、こんなふうに行われます。

先生が、まず読んで聞かせます。生徒はそれについて、読みます。つぎを、先生が読みます。すると、生徒がまた声に出して読みます。これを、くりかえすのです。

生徒のほうは、ほとんどが、まだ字もろくに読めない幼いこどもです。そういうこどもに、まるでお経を読むように、声に出して読ませるのです。こどもは、いわれたとおり、反復練習をします。くりかえしていくうちに、意味はわからないまま、原文をそっくりそのまま暗記してしまいます。

江戸時代のテクストには、「論語」「孟子」「大学」「中庸」など四書五経が用いられました。これらは、中国の古典中の古典ですから、もちろん生やさしい文章ではありません。大人でも、簡単に理解できるものではないのです。しかも、漢文です。それを、幼いこどもが、わけもわからずに、音読するのです。意味は、ごく簡単に説明することはあっても、いずれ自然に、わかってくるはずだと考えられました。特別教わらなくても、わかってくるはずだとされていたのです。

幼い子に、まったく知らない文字を無理やり読ませる。そして、意味の説明はしない。そんな乱暴なことをさせて、いったいなんの役に立つのか……。いまなら、そういうに違いありません。こどもの発達段階をまったく無視したこの学習法は、いまの教育から見ると、とんでもないものに思われます。けれども、当時はそういう疑問をもつ人もいませんでした。それは、素読という教育法が、長い間りっぱな成果をあげていたからです。江戸時代には、ほかに教育らしいものも受けず、素読をしただけで、学問をしたことになっていたのです。

素読を教えていた人たちも、素読という読みの学習法を考え出した人たちも、この方法の効果について、いろいろと考えていたに違いありません。そして、この方法によらなくては、本当に文章を読めるようにはならないということを見抜いたうえで、この素読学習法を確立したと思われます。そして、長い間、受け継がれていたのです。

明治時代になって、ヨーロッパから近代教育の考えによる学校方式が入ってきたあとも、なお、しばらくは漢文の素読は続けられました。それほど、この学習法は、欠かせないものと考えられてきたのでしょう。

日本だけではありません。欧米、とくにヨーロッパにおいても、古くは、ラテン語によって、素読に近いことがずっと行われていました。偶然の一致のようですが、じつは、そうではありません。本を読むことを学ぶときに、もっとも有効なのが、この方法だということを、ほかの国の人々も、経験的に知っていたにちがいありません。

事実、この教育法には、いまの学校教育では教えられないところを、しっかり教える効果があったのです。

いまのこどもが、未知を読むベータ読みができなくなっているのは、学校の国語教育では、アルファ読みからベータ読みへの移行をできないからです。そういうこと自体がわかっていないからです。なぜアルファ読みからベータ読みへ移行ができないのかというと、アルファ読みばかりを教えて、そこから抜け出せないからです。

こどもの発達段階にしたがって、既知を読むアルファ読みから、すこしずつ程度をあげて、未知を読むベータ読みへ達するということは、理屈のうえでは、できそうに思えるかもしれません。けれども、じつは、アルファ読みとベータ読みは、ひとつの階段で結ばれているのではないのです。アルファ読みの階段をひとつひとつ上がっていけば、自然にベータ読みができるようになるというものではないのです。

既知を読むアルファ読みと未知を読むベータ読みとの間には、大きな切れ目、断絶があります。ベータ読みの階段へ飛び移るためには、この切れ目を飛び越さなければなりません。アルファ読みがよくできたとしても、それだけではベータ読みができないのは、このためです。

いわゆる教育を受けたといわれる人たちのなかにも、これまで一度も本当のベータ読みをしたことがないという人は、かなり多くいるように思われます。一生の間、一度もベータ読みをしないで終わってしまう人もいます。テレビならわかる。読み物でも、ゴシップや物語、小説ならわかる。新聞でも、社会面ならわかるけれども、社説や論説は、どうもおもしろくない、などというタイプの人です。ベータ読みができないために、読んでもわからないのです。

このような状況は、なにも日本に限ったことではありません。欧米でも、似たりよったりだと考えられます。文字を読むことができる、というけれども、アルファ読みしかできていないのです。本当の読書ができない、半読者なのです。教育の普及にともなって、ほとんどの人が文字は読めるようになりました。日本人はほぼすべての人が文字を読めるといいます。しかし、大部分は、こうした半読者にすぎません。知っていることは読めても、知らないことはむずかしいとか、よくわからないといって、投げ出してしまうのです。

出版社のほうでも、アルファ読者を楽しませ、ものが読める快感を与えられるような読み物ばかりを出すことになります。出版業の主要な活動は、こういうアルファ読者のために、おもしろい本を提供することになっているのです。

昔の教育は、エリート教育でした。荒っぽい修行を課すことは、何とも思っていませんでした。それで難解な漢文を、年端《としは》もいかないこどもに、無理やり読ませたのです。意味など、どうせ説明してもわからないから、はじめから、問題にしません。四書五経といえば、昔の中国でも、もっともすぐれた思想、一種の哲学です。いくら説明してもこどもにわかるわけがないのです。

この、わからないことを読ませる、というところが、素読のすぐれているところです。こどもにとって、四書五経は、まったくの未知の世界です。それを読まされることが、未知にふれる訓練になるのです。これほど、ベータ読みの力をつけるのに適した方法はほかにないといってよいでしょう。

「たたみの上の水練」ということばがあります。理屈はいくらりっぱでも、実地に練習を積んでいなければ、実際の役に立たない、ということです。いくらたたみの上で水泳の練習をしても、水のなかへ入って泳げるようにはならないのです。

いくら、アルファ読みからベータ読みへ切り換えなくてはいけないとわかっていても、実際に、ベータ読みをしてみなくては、話になりません。泳ぐのはむずかしい。へたをすると、溺《おぼ》れてしまうかもしれない。といっても、いつまでもたたみの上で泳ぐまねをしていてはいけません。

いくらたたみの上の練習をしても、泳げるようにならないのなら、いっそのこと、たたみの上の水練はやめてしまって、思い切って水に飛びこませるのが有効になるのです。

素読はそれです。アルファ読みをすっ飛ばして、はじめから、ベータ読みへ飛び込む。これなら、アルファ読みからベータ読みへの移行といったことをむずかしく考えることもなく、はじめからベータ読みを学ぶことができます。素読をした昔の人は、ほとんどみな、知らずしらずのうちにベータ読みができるようになっていたと思われます。

いまでは、まさか、四書五経というわけにもいきません。親、教師が、これは一生、こころの糧《かて》になると思うような本を、意味など考えずに読ませるとよいと思われます。あるいは、いっしょに音読するといいでしょう。ヨーロッパでは、母子で毎日聖書を読むことを習慣にしている家庭があります。りっぱなベータ読みの教育だと考えることができます。

絶対語感は「アルファ読み」では育たない

このごろは、めっきり本が読まれなくなったというと、「漫画などは読んでいます」と答える人もいます。どんな本でも、読まないより読んだほうがいいでしょう、というのです。けれども、どんなものでもたくさん読めば読むほどいいというのは、本屋さんの都合にすぎません。ただ、読めばいいというものではありません。

読書の価値は、それにかける時間に、ほぼ比例します。自分の知っていることを確かめたり、情報量を増やすために斜め読みしているようなアルファ読書は、データを集めるという以外には、ほとんど意味がありません。これではどんなにたくさんの本を読んだとしても、たいして価値がありません。また、速読法などにかぶれて、一時間に文庫本を一冊読んだなどといって喜んでいる人もいますが、そんなに速く読めるような本は、そもそも読む価値がないともいえます。本を読むには、読む価値のあるものかどうか、きちんと見極めてかかる必要があります。

しっかりした読書は、たんなる多読ではありません。たんなる精読でもありません。じっくり、なめるようにして読むものです。一度でわかってしまおうというのも、思い上がりです。二度読み、三度読み、それでは足りなくて、二度三度と読み返す。そういうことができるのが、本当の本であり、そういう本を読むのが、本当の読書なのです。

素読のようなベータ読みは、その点、くりかえしくりかえし、同じ文章を読むために、大きな教養効果がありました。わけのわからない原文を、一度や二度音読しただけでは、まったく何の役にも立ちません。くりかえし読むことで、教えられもしないのに、未知が理解できるようになるという奇蹟が起こります。昔の人は、それを「読書百遍《ひゃっぺん》意《い》おのずから通《つう》ず」ということばで表現しました。

意味のわからない本でも、何度もくりかえして読めば、自然と意味がわかるようになる、という意味です。反復読書のもつ価値です。そうして読まれると、本文はたいてい暗記してしまうものです。暗記している文章がなくてはいけません。

中国には「韋編三絶《いへんさんぜつ》」ということばがあります。孔子が晩年「易経」を好んで読み、何度もくりかえし読んだために、綴《と》じた革ひもが三度も切れた、というのです。一冊の本を、それくらいくりかえし、くりかえし読めば、深く理解することができるにちがいありません。孔子は、本当の読書家だったということができます。

「読む」ということばには、(一) 文字を声に出してとなえる、(二) 文字、文章の意味を理解する、(三) 図形やグラフ、一見無意味な文字の連続の意味を判断し理解する、(四) 他人のこころや将来のことを推測する、(五) 囲碁、将棋で先の手、相手の手筋を察知《さっち》する——といった語義があります（『大辞林《だいじりん》』による)。
(一)は、ここで言っている、アルファ読みのことです。(二)も、アルファ読みにふくまれると考えてよいでしょう。(三)が、ここでのべているベータ読みに当たります。
このようにしてみると、読みということばの本当の意味は、読み手に明らかにされていない意味、内容を、文字、文章を手がかりにして、判断、推察して理解を得ることなのです。つまり、自分の知らないことを、解釈しながら読むのが、本当の読みなのです。

そういう読み方をしようとすれば、本をむやみに手当たり次第読むことなど、とてもできないことになるはずです。わずかでよいから、読むに値する本を、何度も読むことです。

読書百遍、ボロボロになるまで、読み込むなどということは現代的ではありませんが、そういう本を二冊か三冊つくれば賢くなることができます。

何度も読み返した本が五冊もあれば、本が読めるといってよいでしょう。

もっとも、いまのように、書物があふれている時代には、本当に読むに値する本にめぐりあうのは、なまやさしいことではないかもしれません。

まず、古典を選ぶことでしょう。

日本語——立つか寝るか

もう三十年以上前のことです。ある名門大学が、入学試験の国語の問題を、横組みにして出しました。国語の文章といえば、だれでも、縦組みと思い込んでいたでしょう。おそらく、みな、かなりのショックを受けたにちがいありません。

これには、世間も黙っていませんでした。試験が終わったあと、この問題がさまざまに論議され、異口同音《いくどうおん》に非難されたのです。いつもなら、伝統破りには好意的な立場をとっている新聞さえ、横組みの国語問題については、批判的な記事を載せました。

その大学は次の年から入試問題を縦組みに戻しました。

実際には、その後、日本語はどんどん横書きに変わってきています。学校の教科書も、国語科以外はすべて横書きになっています。その国語ですら、最近、横書きの教科書が検定に合格しました。国語辞書にも横書きのものが出ているようです。

このような風潮のなかで、横書きの小説を発表した人がいます。これまで、小説といえば、もちろん縦書きになっていましたが、それをあえて、横書きにするわけです。もちろん、同じ文章でも、縦書きと横書きとでは、文章のニュアンスが違うでしょう。どちらでも同じだと思うのは、文章に対する語感の弱い人です。私たちは、目のことばの絶対語感を磨くためにも、縦書きと横書きの文章の違いについて、もっと敏感になる必要があります。

ある文筆家は、横組みの雑誌から原稿依頼がきたとき、横書きなら執筆を断ると言ったそうです。結局、縦に書いていいのなら書きましょう、ということで、引き受けるとのことですが、この人の絶対語感では、横になった日本語を認めることはできなかったのでしょう。同じことを書こうとしても、横書きにするとことばが流れないで、違ったものになってしまって、気持ちが悪い、とこの人は言ったそうです。

いま、日本人は、日本語を縦に書いて立たせておこうとする人たちと、横にして寝かせようという人たちの、二派に分かれています。このごろでは、立つ派より寝る派のほうがだんだん多くなってきたようです。ことに、若い人たちは、寝る派ばかりのようです。もともと横書きが優勢になっていたところへ、ワープロが現れて味方したために、ますます日本語を横にすることが多くなっています。

本来、日本語は、立っていたのです。寝るようになったのは、戦後のことです。昭和二十七年、内閣の通達のようなものが出て、公文書は横書きとすべし、と命じました。いま思うと、たいへん乱暴なことのようですが、敗戦ボケしていた国民は、そう言われても、声も立てませんでした。印刷所などは、困るはずなのに、唯々諾々《いいだくだく》として受け入れてしまったのです。

こんなに重要な変革が、これほど簡単に受け入れられてしまった理由は、ひとつには日本の活字に原因があります。日本の活字は、すべて全角、つまり正方形であるために、縦組みに使ってきた活字を、そのまま横組みに使用できたのです。ヨーロッパやアメリカの活字の場合は、一本一本、幅が異なるために、横組みしかできません。欧文活字は簡単に縦組みにすることはできませんが、その点、日本の活字は縦横自由であるため、印刷関係の人も、横組みをなんでもないように考えてしまったのでしょう。

公的文書がなぜ、突然横書きにされたのかといえば、じつは、タイプライターの都合でした。当時、和文のタイプは外国の様式をまねたものだったので、横書きは自由にできても縦書きはすこし厄介《やっかい》でした。そこで、横書きにしたほうが便利で合理的だというので、横書きに変えたのです。つまり、事務の合理化のために、立っていた日本語は寝かされてしまったのです。

おかげで、公的文書はすべて横書きになり、それだけでなく、企業も文書を横書きにしました。お上にならったというわけではありませんが、やはり事務の合理化のためには、横書きのほうが便利だと考えたのでしょう。

不思議なことに、公的文書はすべて横書きとする、という通達を出していながら、役所の出している官報《かんぽう》は、今もってほぼ縦書きを守っています。それがおかしいと指摘する声は、ほとんどないようですが、官報は事務合理化の枠の外にあるというわけでしょう。いまも、これは特別に縦書きがまかり通っています。

このごろの大学では、すくなくなったようですが、戦前の大学では、教授が、自分のつくってきたノートをひと句切りずつ読み、それを学生がノートに書き取るという形の講義が行われていました。大学生は、そのノートのことを大学ノートと呼び、多少の優越感をもって使ったものです。

「言語学は、言語を対象とする経験科学である。言語の本質、構造、その歴史的変化などを音声、文法、意味、その他の分野にわたって明らかにしようとする学問……」ということを、ノートに書き取ります。いまから見ると、ほほえましいものでした。

その大学ノートは、どの学生も、横書きにしていました。タイプライターとは違い、縦書きが不便だったわけではありません。当時の日本人にとって、学問というものは、外国から伝えられたものという意識があったのでしょう。ノートをとるときも、欧米風の横書きでなければならないと思った。そういう考えが学生たちに無意識にはたらいて、自然と大学ノートが横書きになったのではないかと思われます。


ことばについて、きわめてきびしかった内田《うちだ》百閒《ひゃっけん》も、大学生のときは、ノートを横書きでとっていました。国文学のノートさえ横書きにした、ということを書いていています。横書きには、新しい学問を外国に求めたときの、一種のロマンのようなものがあったのかもしれません。

そういう教育を受けた役人が、戦争にも負けたことだし、新しいことばの表現法があってよいと考えたとしても、不思議なことではないでしょう。当時は、縦書きを横書きに変えることが、日本語の自然を破壊することになるかもしれないなどとは、すこしも思わなかったにちがいありません。それどころか、日本語の改良になると信じていたかもしれません。

大学生が、国文学のノートさえ横書きにしたという日本の近代文化を考えると、固有の文化がいかに粗末に扱われたかということがはっきりします。いままで日本にあったものはすべて古くさく、おくれている。外来のものは新しく、すぐれているという考え方が広く行き渡っていたのですから、伝統を覆《くつがえ》すことくらい、なんでもなかったのです。欧米の国々は横書き横読みです。わが国もおくればせながら、それにならったほうがよい、いや、ならうべきだと考える人は、けっしてすくなくないでしょう。そうして、千年以上立ってきた日本のことばは、寝かされることになってしまったのです。

こどもがベータ読みをするときの本はやはり縦書きのものがいいでしょう。

横組みの文字

一般に、文字というものは、自然に発生したもののように考えられていますが、そんなことはありません。しっかりした根拠をもってつくられているのです。とくによく考えられているのは、読みやすさでしょう。どうしたら、文字は読みやすくできるか。大昔の人はそれをきちんと考えて、文字をつくっていたのです。

いったい、読みやすさとは何でしょうか。いまの出版社や新聞社でも、それを考える人がいないわけではありません。けれども、文字を考えるよりも、文章を考える人のほうが多いでしょう。文字のことは、文章ほどには問題にされません。

読みやすい文字というのは、視線の動きと直角に交わる字画が、しっかりしている文字のことです。たとえば、本来の日本語のように、視線が縦に動く縦読みの言語の場合、視線の流れは上下ですから、それと直角に交わる横の線が、中心になります。つまり、左右の線が文字を見るときのポイントになるわけです。

例をあげますと、

一　二　三　四

という文字があります。また、

日　月　旦　鳥　烏　木　本　書　墨

など。どれもみな、横の字画が文字の決め手になっています。

これを、横読みの言語であるヨーロッパのアルファベット圏の文字と対比してみると、その違いがいっそうはっきりわかります。数字は、

Ⅰ　Ⅱ　Ⅲ　Ⅳ

というように、明らかに縦の線が強調されています。漢字とは正反対だとい

うことに気づくでしょう。文字でみると、

n m b d u v w

など。こちらも縦の線が中核をなしていることがわかります。試しに、英文が印刷された紙面に、細い窓をつけた紙片をあててみますと、中央の部分はほとんど、縦の線ばかりです。それくらい、縦の線が多いのです。

横読みの言語にとって、縦の線が中心になっていることはきわめて合理的なことです。ヨーロッパでは文字を縦に並べて縦に読ませようなどという途方もないことは、だれも考えませんでした。これからもないでしょう。印刷もできませんし、だいいち、読みにくくてたまらないはずです。

ところが日本語では、まさに、それに相当することが平気で行われたのです。縦に読むようにつくられた漢字を、横にしてしまったのです。このため、視線が横線と並行して走ることになり、非常に読みにくくなります。目は、たいへんな負担を強いられることになります。それが、漠然と横書きのものは読みにくいという一般の人の感じになるのです。この印象は大切です。人間の生理にとってたいへん不合理なことをしていることに対する警告であるといえるかもしれません。

漢字、そして、それをもとにしてつくられた仮名は、縦書き、縦読みを前提にしています。それを無視して横から読めば、読みづらいのはあたりまえです。はっきり自覚しない人でも、目はひどくつかれるはずです。横組みの印刷物を読んでいれば、目が悪くなるのは当然のなりゆきです。

日本人は、みんなメガネをかけているといわれます。戦前から、まるで近視が日本人のトレード・マークのようにいわれていました。原因をとくにつきとめようとする人もいなかったようですが、ひとつには、横書きの小さな字を読んだことと、関係があるように思われます。

大正の終わりに、細字がビッシリつまっている横組みの英和辞書が発行されました。これが、大ベストセラーになったのですが、引くときには目をこらして見ます。横組みになった細かい文字を読んでいれば、目に悪くないはずはありません。そのためでしょう、日本人は近視になってしまいました。当時、メガネは、教育を受けた勲章《くんしょう》のように思われましたが、ありがたくない勲章です。個人的な話ですが、私は若いときに、英文学雑誌の編集をしたことがあります。校正は、もちろん、横組みのゲラで行います。赤字で校正するのだから、赤字生活だといっては、仲間と自嘲《じちょう》し合ったものですが、そのときの〝赤字〟は、目にも表れました。もともとよくなかった目が、長い間の赤字生活で、決定的に悪化したのです。欧文の校正はよろしいが、横組みの和文の校正がいけません。そうしたこともあり、いろいろと注意してみると、欧文まじりで横組みの校正をするのが、たいへん目に悪いということがわかったのです。

このごろは、拡大コピーも取れるようになって、多少楽にはなりましたが、文字の小さい英和辞書の校正は、いっそうたいへんです。あるとき、ベテランの辞書編集者がこともなげに、「辞書一冊完成すると、ひとりは失明する人が出ますね」と言ったことばが忘れられません。

日本語は立っていなくてはいけないのです。不用意に寝させるようなことは、文化の破壊になります。横組みによって、日本人が受け継いできた、目のことばの絶対語感も大きく揺らいでいることは、しっかり受けとめなくてはならない問題です。

ところが、おもしろいことに、現在多くの人に読まれている新聞や雑誌、週刊誌などのほとんどが、申し合わせたように、縦書きを守っているのです。これは、やはり読者が縦書きを求めていることの表れといえるでしょう。目には見えない読者の気持ちが、反映されていると考えられます。さきにも述べたように、小説で、横書きを試みる人もいるようですが、これは、あえて、こうした読者の無意識の要請を無視して、新しい時代を築かなくてはという前衛意識に引きずられて先走っているようにも感じられます。

いまだに文語が使われている俳句や短歌では、そう簡単には、横書きにはならないだろうと思われます。もしここで、横書きが普通になれば、俳句も短歌も、かなり味わいの違ったものになるのはさけられません。そうなっては、もはや伝統的様式とはいわれないでしょう。

一般に詩などの文芸は、上から下へ流れることばのイメージの動きと、深くかかわっているように思われます。左から右へでは、ことばの流動性を期待することは難しいでしょう。それでもかまわないといって、横書きにするとしたら、まったく新しい詩の誕生というほかはありません。もし、そのようなことにでもなれば、そのときこそは、マスコミも安心して横書きへ移ることができるでしょう。はたして、そういうことになるかどうか。

いずれにしても、日本人の絶対語感は、縦書きのことばを読むことによって育まれてきました。横書きがふえれば、当然、絶対語感も変わってくるということに、多くの人たちは気づいていないようです。

漢字の本家、中国でもやはり、このごろでは横書きがあたりまえになっています。別に漢字国の会議で決めたことでもないのに、同一歩調をとっているのは不思議です。

読みやすさの原理は、洋の東西を問わず、普遍的です。大昔の人々がつくり出したその原理を、現代の人が軽視しているというのは、おそろしいことだといわなくてはなりません。

こどもの絶対語感を育むものとしては、こういうことにも関心をもっていたいものです。

もちろん横書きがよいのだという考えもあって結構です。

「第 3 章」

はじめに、美しいことばありき

ことばは人なり

このごろ、美しい日本語を求める声がまた高まっているようです。どういうことばが美しいのか、と尋ねる人もいます。美しいことばを学びたいという女性も、すくなくありません。

何が美しいことばか、というのは、なかなかむずかしい問題です。「愛」とか「努力」といった文字が美しいと感じる人もいれば、「ありがとう」「こんにちは」のようなあいさつ、「こもれび」「まほろば」といった音の美しさを思い浮かべる人もいます。さまざまなのは日本語の特殊事情といってよいかもしれません。日本語では、文字づらの美しさと、音声の美しさが、別にあるのです。その区別がはっきりしないために、ことばが乱暴になることがある一方、美しいことばがいっそう気になるということにもなります。

もうひとつは、教養のある人が話すことばが美しいと感じる人がいます。ながく、こころある人たちに愛用されたことばが美しいとか、詩や文学作品のなかで使われていることばが美しいと感じる人もいます。なぜそう感じるのかといえば、そのことばを使っている人への信頼感があるからでしょう。ことばは、人間とはなれては存在できません。使う人によって、同じことばがみにくく思われたり、逆に、味わい深いものに感じられたりするものです。「文は人なり」という有名なことばがありますが、よりつよい意味で、「ことばは人なり、人はことばなり」といってよいかもしれません。

きちんとした絶対語感を身につけた人は、そのことばによって美しくもみえるし、また、ことばによって自らを美しく磨くこともできるでしょう。しっかりした耳のことば、目のことばを身につけるのが人生の宝になるのは、そのためです。

『マイ・フェア・レディ』という、有名なミュージカルがありました。アメリカで大評判になり、日本でも訳されて上演され、映画が輸入されたりして、たいへん人気を集めました。ミュージカルに仕立てたのはアメリカですが、原作は、イギリス人のバーナード・ショウによるもので、『ピグマリオン』という題名で発表されました。舞台はロンドンです。

街の花売り娘、イライザは、たまたま音声学の大家ヒギンズ教授から声をかけられたのが縁で、ことばの勉強を始めることになり、レッスンを受けに通います。すると、みるみるうちに上達し、やがて非のうちどころのない上流の人たちの英語が話せるようになります。

ちなみにイギリスは階級社会で、上流、中流、下流と区別されています。この違いがもっともはっきり表れるのは、話しことばです。上流の人は、クイーンズ（キングズ）・イングリッシュを話し、下流の人たちは、なまりのつよいことばを話します。ロンドンでいえば、コックニーというのが、それです。『マイ・フェア・レディ』のイライザ嬢も、もともとコックニーをしゃべっていたのですが、ヒギンズ先生のレッスンを受けて、上流、社交界のことばを身につけることができました。

すばらしい英語を話すようになったイライザを、そのままにしておくのはもったいないと思ったヒギンズ先生は、彼女を社交界にデビューさせることにしました。もともときれいな女性だったようですが、それにもまして、きれいな英語、美しいことばを話すというので、社交界の注目を浴びる存在になります。花売り娘が、ことばによって、上流のレイディになったという話なのです。

ことばの勉強といっても、イライザは本を読んだわけではありません。文章を書いたわけでもありません。ただことばの発音をよくしただけのことです。それによってイギリスではまず不可能と思われる下流から上流への飛躍ということをやってのけたのです。

この話の背後には、人は、その話すことばによって、美しくもなり、りっぱにもなるという考えがあります。人間、ことば次第というわけです。それが妥当かどうかは別として、そういう現実があることを、この芝居はそれとなく指摘し、諷刺《ふうし》しているのかもしれません。

人間の社会的評価の基準は、いろいろあります。地位や資産は、もっとも確かな基準のように見られますが、そういうものは、いつ何時、失われるかもしれません。スタイリストもりっぱに見えるかもしれませんが、服装をとってしまえばそれまでです。ところが、話すことばをもの差しにして人を評価すれば、急には変わったりしません。もっとも安定した判断ができます。

財産や地位は失うかもしれませんが、使うことばは、一朝一夕には変わったりしません。一生、だいたい同じことばを使っています。だから、ことばによって人を判断するのが、もっとも安全といえるのです。たとえ、つぎはぎだらけの服を着ていても、クイーンズ・イングリッシュを使っていれば、イギリスでは紳士とみなされるといいます。いくらりっぱな服を着ていても、いくら財産があっても、ひどいことばをしゃべっているようでは上流とはみなされません。階級は、ことばによって見分けがつくというのがイギリス流です。

もちろん、これはイギリスの話であって、日本では事情が違います。けれども、なお、「ことばは人なり、人はことばなり」ということができるように思われます。はじめにことばありき。人間のあるところことばがあり、ことばのあるところ人間あり、です。ことばは、ただのコミュニケーションの手段ではありません。心のあかしのようなものです。

そういうふうに考えてくれば、美しいことばというものも、おのずからはっきりしてきます。美しく生きている人の話していることばは、美しいのです。教養のある人の話していることばも、美しいのです。りっぱな生き方をしている人たちのことばも、誠実な高齢者の話していることばも、それぞれ美しいことばです。

もし、そうでないのなら、人とことばのどちらかがおかしいと考えなくてはなりません。このごろでは、美しく、りっぱな、教養ある人が、使うべき美しいことばを使わないことが多くなったように思われます。美しいことばが、消えてしまったというように感じられます。

生まれてくるこどもに、美しい名をつけようというのは、親心です。けれども、その名前には、こどもがりっぱな人間になるようにという願いがこめられていることはあまりよくわかっていないのではないか、というようなことがあります。

名前は、たんなる標識ではありません。人間を決定する力を秘めているのです。姓名判断ははっきり名前で占いますが、一般に多くの人が知らずしらず日常的に、姓名判断のようなことをしているということには、ほとんど気がついていません。

人は、名前によって人間を変えることができると、無意識のうちに考えているのです。名前には、そのような力が備わっていると思っているのです。かつては、文章を書くときに筆名を用いました。芸能人は芸名をつけます。

美しいことばとは、美しい人、尊敬すべき生き方をしている人、教養のある人の使っていることばです。もし、いま、美しいことばがすくなくなっているとするなら、残念ながら、こころの美しい人間がすくなくなっているということになるのでしょうか。

そんな風に考えれば、人間の生き方を考えずに、ただ美しいことばばかりを求めようとするのは、「木に縁《よ》って魚《うお》を求む」ようなものです。現代の乱雑な生活をほったらかしにしておいて、ただことばだけを美しくしようというのは、間違っています。

「お」ことば

かつて幼稚園ことばというのがありました。

遊んだあと、片づけるのは、

「おかたづけしましょう」

です。「かたづけなさい」などとは言いません。絵をかくのは「お絵かき」、歌をうたうのは「おうた」、帰るのは「おかえり」と言います。別にこどもに敬語を使っているわけではありません。丁寧なことばを使っているのです。こういう「お」ことばは、昔から使われてきたものですが、そういうことばを使っていると、なにか上品な感じになります。これは、幼稚園の先生が長い間、女性が多かったこととも、無関係ではないかもしれません。このごろでは、使わないところがふえました。

「お」のつくことばは、上品な、丁寧なことばです。それで女性はことばの装《よそお》い、お化粧をするのです。男性は、「ご」をつけて、御酒《ごしゅ》といいますが、女性はお酒といいます（もっともご酒という女性もいます）。「ご」は漢語につけることばなので、どちらかといえば男性的です。すこしかたくるしい感じです。

「お」はやまとことばにつくのが普通です。「ごあいさつ」であって、「おあいさつ」とは言いません。「お祝い」と言っても、「ご祝い」とは言えません。ただし、本当は「ご誕生」であって、「お誕生」とはならないのですが、女性の用いることが多いこともあって、「ご誕生」よりも、「お誕生」ということばのほうが一般的です。

京都の人は、豆のことを「お豆さん」と言います。いかにもやさしい感じです。「おいもさん」「おかべ（豆腐）さん」などといったことばもあります。

女性は、「お」をつけるのが好きなので漢語であろうとなかろうと、かまわず「お」をつけてきました。「お料理」「お醤油」「お砂糖」「お野菜」といった具合です。このごろは「おもてなし」ということばに人気があります。ただの「もてなし」ではありません。

おもしろいのは、「おみおつけ」ということばです。これは、漢字にすると「御味（噌）御付」と、なるのですが、味噌に「お」をつけて「お味（噌）」とし、汁を意味する「おつけ」とあわせて「おみおつけ」になるのです。二重に「お」のついた珍しい例です（語源は諸説あり）。

「おいしい」ということばも、もともと男性は、あまり口にしなかったことばです。男性は、「うまい」といったものです。それが、ここでも女性語にひかれたのか、「おいしい」と言うようになりました。これは、味がよいという意味の女房ことばの「いしい」に、「お」をつけて「おいしい」としたもので、あくまで女性のことばです。それで、男性が「おいしい」と言うと、なんとなく新しい感じがするのでしょう。

このごろでは、

「うまい話にのせられた」

というところを、

「おいしい話にのせられた」

などということばづかいが、聞かれるようになりました。「おいしい」が、食べものの味から離れたために起こっている現象でしょうが、そのうちに、

「あの人はおいしい字をお書きになります」

などといった言い方が、飛びだしてくるかもしれないという気がします。日本語のできる外国人で「あの人の英語はおいしい」と言う人がいます。

「お」も「ご」も丁寧さを表すものですが、それだけでは足りない、とでもいうのでしょうか。「お疲れさま」「ご苦労さま」と、丁寧なことばを重ねることもあります。「おみおつけ」に近い感覚です。

「おかげさま」というのも同類です。これについては、こんな笑い話がありまーす。

ある女性が、外国人の男性に、

「おかげさまで、こどもにめぐまれました」

と言ったそうです。これを聞いた男性は、とび上がらんばかりにおどろきました。「あなたのおかげ、お力ぞえで、こどもが生まれた」と誤解したのです。まったく身に覚えのないことを言われたと思って、ひどくあわてたのです。

この「おかげ」は、神仏などのご加護によってという意味から、「ありがたいことに」といったニュアンスのことばです。けっして相手に対する敬語ではないのですが、外国人に、そんなことが通じるわけもありません。

こうなると、「お」ことばも〝おいしい〟などといっていられないことになります。

敬遠のこころ

日本語は、もともと呼びかけのむずかしいことばです。相手の名前を軽々しく呼んだりしてはいけないのです。たとえば、

「こんにちは、加藤さん」

などとあいさつをされると、よほど親しい間柄でないかぎり、加藤さんはおもしろくありません。名前など呼んでほしくない、と思うでしょう。日本人にはなぜか、名前を直接呼ぶことをためらう絶対語感があるのです。いまの若い世代の人は、この感覚の希薄《きはく》な人も多いようですが、それを意識していないと、意外なところで摩擦《まさつ》を起こすおそれもあります。

外国人と親しくなると、ミスター・マクドナルドが、

「これからは、ジャックと呼んでください」

と言ったりします。愛称で呼び合うのが、友情のしるしになるのです。かつて、日本の首相がアメリカの大統領を、

「ロン」

と呼び、自分のことを、

「ヤス」

と言われることを自慢にしたことがありますが、この首相にしても、日本の国内では「ヤス」などと呼ばれたら、腹を立てるにきまっています。どんなに乱暴な人間でも、名前を呼び合うのは仲のよいこどもたちぐらいだということは、わかっています。

中学、高校ぐらいまでは、互いに愛称で呼び合っていますが、大学へ入ると、すこし変わってきます。とくに年上の人を何と呼ぶかがやっかいです。もちろん名前を呼ぶのははばかられます。それで、いつのまにか、「先輩」という呼

びかけが、広まりました。もともとは男性のことばですが、女子学生も使うようになりました。もっとも年下のものに対しては「後輩」などとは言わず、「○○くん」と呼んでいます。そして、社会へ出ると、また、悩むのです。どう呼んだらよいのか、はたとわからなくなってしまうのです。

このように、日本人は、自分の名前にたいへん敏感なのです。別に悪いことをしているわけでもないのに、思いがけないところで、同姓の名前を耳にすると、自分ではないとわかっていても、ドキリ、としたりします。名前を呼ばれて喜ぶのは、選挙のときの候補者くらいのものでしょうか。お互いに、名を忌《い》むところがあります。

賞状や表彰状を授与する人が、賞状を読みあげるときに、最後の自分の名前のところへくると、声を二段も三段も下げ、小声で、むにゃむにゃと言うことがあります。ここを大声で読みあげると、いかにも威張っているようで、おかしいのです。

それほど名を忌む日本語ですから、呼びかけるときも、なるべく名前はさけ

るようにします。生徒は、

「加藤行夫先生」

などと呼びかけてはいけません。ただ、

「先生」

です。職場の上司である太田課長を、

「太田さん」

「太田課長さん」

「太田課長」

などと呼ぶのは、どれもおちつかない感じがします。

「課長」

とするのです。

役職で呼ぶことのできない相手は困ります。手紙などなら、

「益々《ますます》ご健勝のこととお喜び申し上げます」

というように、なるべく呼びかけのことばを表に出さないですませます。こ

れなら、自分も相手も表に現れないですむのです。このごろの若い人は、そういう作法を心得ないために、

「わたくしたちは、あなたのご出席をこころよりお待ちしております」

などと書いて、「あなた」と呼ばれた人から、ひんしゅくを買うことになるのです。これまでなら、

「ご多用のところまことに恐縮に存じますが、何卒《なにとぞ》ご来駕《らいが》のほどお願い申し上げます」

などと、するのがよいのです。

もっとも広く用いられる呼びかけの第二人称は「あなた」です。これは、もともと「彼方」「貴方」という意味ですから、尊敬の意味がこもっているのですが、よく使われるために、いまでは、その敬意はうすれています。目上のものには、「あなたさま」とでもしないと、使えません。関西では「あんた」のほうが使われますが、これは、もっと親しい間柄の呼びかけで、関東の人は

「あんた」と呼ばれるのをあまり好みません。

もう七十年以上も昔のことになりますが、戦争中に、「父よ、あなたはつよかった」という歌が流行しました。父親のことを「父よ」などと呼びかけるのも、非日本語的ですが、さらに、その父を「あなた」というのも、日本語の感覚でいえば、たいへんおかしいのです。一部では、そういって問題にされたのですが、ほとんどの日本人は、この歌を平気でうたっていました。戦争で頭がどうかしていたのかもしれませんが、国粋主義的な空気が、もっともつよかった時代でありながら、こういうことばづかいがまかり通ったのだから、おもしろいものです。

もっとも、歌のなかのことばは別なのかもしれません。ふつうの会話ではほとんど使われない命令形の動詞が歌ではいくらでも出てきます。いまの若者でも、日常のことばでは「父よ、あなたはつよかった」などということばは、使わないでしょう。いま思えば、「あなた」ということばの変貌は、こんなところから始まったのかもしれません。

もうひとつ、二人称を表すことばに、「お前」ということばがあります。いまは、目下のものにしか使われませんが、元来《がんらい》は「御前《ごぜん》」ということばで、りっぱに敬称でした。このことばも、意味が下落《げらく》して、「お前」になりさがってしまったのです。

親しい男性同士が使うことばには、「キミ」「ボク」がありますが、これは年長者には使えません。そうでなくても「ボク」という言い方は、もともと丁寧なことばではないという印象があります。きちんとした場では、「わたくし」が使われるのが普通です。「わたし」は、すこしくだけています。いずれにしても、僕だの私だのを使わずに文章を書いたり話したりするのがたしなみとされてきたのです。そういう日本語の絶対語感はいまも、まだ、完全になくなっているわけではありません。

手紙などの宛て名には、「様」をつけます。ただ官庁、企業などでは「殿」を使いました。その使い分けは、ほぼ固まっているのですが、実際に使うときに不安をいだく人は、すくなくありません。企業の中堅クラスの人でさえ、「様」と「殿」とでは、どちらが〝偉い〟のですか、と真面目《まじめ》にこっそり聞いたりする人がいます。

どちらが偉いというのとはすこし違います。様式、スタイルの問題です。プライベートな関係なら「様」、公的なら「殿」となります。かつては公的なのは、お役所、つまりお上《かみ》のことが多かったので、「殿」にはどこか偉いような感じがまつわるようになったのかもしれません。いまだに「殿」のほうが「様」より上のように誤解している人がすくなくないようです。

その反面、「殿」ということばは、いかにも威張《いば》っている感じもします。それで、官庁でも、住民への郵便などの宛て名に「殿」を使うのを、ためらうような空気が生まれてきたようです。もう四十年くらい前からでしょうか、地方自治体では、「殿」をやめて、「様」にするところが増えました。いまは「殿」は消えかかっています。

やはり「殿」のほうがよい、という人があるかと思うと、「様」のほうが親しみやすいという声もあります。かつてはこれを「殿様論争」などといって笑った人もいたようです。

日本語の呼びかけのことばをみれば、私たちが、いかに他人をその名でずばり呼ぶことをためらってきたかがわかります。たとえば、「あなた」は、相手が遠くにいると、見立てた呼び方です。彼方《かなた》、つまり「彼」とあまり違わない、遠くに見立てて敬意を表すのです。「様」も、人間そのものをさすことばではありません。そのような形をした人を間接的に、つまり丁寧に呼ぶことばです。「殿」は、その人の住んでいる館《やかた》や邸《やしき》へ呼びかけていることばです。「殿下《でんか》」などは、その館や邸でさえおそれ多いというので、その下へ呼びかけています。手紙などで先生などに呼びかけるときには、直接ではなく「○○先生机下《きか》」などとします。先生にじかに呼びかけるのではなく、その机、それでもなおまだ近すぎるからというので、その下をさして、相手に直接、言及するのをさけるのです。

離れれば離れるだけ、相手を立てる、尊敬することになるのが、日本語の感覚です。敬遠する、ということばがありますが、遠ざけることが敬《うやま》うことになることを、いまの人は忘れようとしています。

そういうことばづかいを生んだ日本人の絶対語感は世の中が変わってもなかなか変わらないところがあります。

新しく生まれる絶対語感

「もう一コ待とうネ」

ホームで電車を待っていた子づれの母親が、そう言いました。来た電車がひどく混んでいるのです。こんなのは、すこしも珍しくない、と若い人は言うのでしょうが、昔の日本語だったら、おどろくべきことです。「もう一台」というところなのです。もっとも、何両も連結している電車だと、「一台」は使いにくいので、「一本」とするかもしれません。それが使えなくても、「ひとつ」と言ったでしょう。いずれにしても、「一コ」は、新しいことばづかいです。

飛行機なら「一コおくらそう」というのは、さすがにすくないでしょう。たいていが「一便おくらせる」と言います。動かない飛行機は一機、二機です。

受験生が「三コ受けたけど、みんなだめだった」と言います。大学入試を一コ二コと数えるのも新しいことばづかいです。学生も、「今日は講義が二コあるだけだ」と言ったりします。「二時間」とは言いません。講義が、九十分、百分単位で行われるので、「時間」ということばを使うのには、抵抗があるのかもしれません。教師たちは、まさか「毎週、七コも講義がある」とは言えません。コマという呼び方をつくり出して「七コマでは疲れる」などと言うようになりました。

部屋は一室、家は一軒、着物一枚、洋服一着、小舟が一艘《そう》、大きければ一隻《せき》、魚は一枚、匹、尾《び》、杯、などなどと、日本語には、面倒な使い分けがあります。イヌ、ネコは一匹、鳥は一羽《わ》。人間は一人、二人。男一匹という言い方はありますが、これは、一人とはわけがちがいます。

そんな複雑なことを、いちいち覚えていられるか、というので、こどもがまず数詞に悲鳴をあげます。けれども一つ、二つでは、なんとなくはっきりしないので、一コ、二コという数詞で間に合わせることになったのでしょう。英語でも、ものを数えるとき、ワン、ツー、スリーと数えています。それにならうというわけでもないのでしょうが、一コ、二コは、なんとなく新しい感じがともないます。

けれども英語でも、すべてのものをワン、ツーで数えているわけではありません。たとえばワン・ウォーターとは言いません。水は数えられないから、ア・グラス・オブ・ウォーター（コップ一杯の水）、鉛筆二本ならツー・ペンシルズですが、チョークは数えられないと見て、ツー・ピーシズ・オブ・チョーク（チョーク二本）と言わなくてはなりません。これなら日本語の「紙二枚」というのと変わらないでしょう。英語では、物質名詞に特別な数詞を使うというきまりがあるのです。「日本語は、すべての名詞が物質名詞なのだ」と言ったイギリス人がいたそうですが、そう言ってもいいかもしれません。

その日本語で、数詞についての絶対語感が変わろうとしています。一コ、二コが、そのさきがけとなっているのです。

ここ十年くらいの間で、日本語の絶対語感で、いちばん目立った変化をしたのは、いわゆる「ら抜き」ことばでしょう。

「ここで弁当たべれますか」

「ゆうべ、よく寝れませんでしたので……」

「熱を出して、試験など受けれませんでした」

「この車、あと二人は乗せれるから、みんないっしょに行けれるでしょう」

こういう使い方は、五十年前までは、はっきりなまりか誤りとされていました。できるという意味で助詞を使うときの語尾が、変わってきたのです。そういうことばを耳にして、崩れた、乱れたという人も、まだすくなくはありませんが、若い人を中心に、このような言い方が、すでに大半を占めています。絶対語感が変わってしまったのです。ことばは多数決原理によって動くものですから、大半の人が十年も使っていれば、はじめはどんなに誤りだといわれたことばでも、許容されて、慣用になってしまうものです。絶対語感も多数派の慣用にもとづいているのです。

「この景色は、とても美しい」という言い方をします。これは、文章では、いまもいやがる人もあるようですが、話すことばでは、ほとんど抵抗なく使っています。実は、これは、大正時代になって現れた新語法なのです。はじめは、はっきりと誤用だとされていました。

本来、「とても」ということばは、否定のことばで結ばれるものでした。たとえば、

「この料理は、とても食べられたものではない」

というのが、正しい用法だったのです。ところが、いつのまにか、「とてもおいしい」などと使われるようになりました。古い絶対語感にかえて、新しい絶対語感ができたわけです。はじめは許しがたいことのように思われたこのことばも、多くの人がどんどん使うようになったために、ついにこれが新しく慣用として認められることになりました。

このような「ら抜き」ことばは、文法の誤りだと呼ぶ人がすくなくありませ

んでしたが、その広まりは一向に衰《おとろ》えません。そしてとうとう、国語審議会まで、半ば認めざるを得ない状況になりました。「着れる」「信じれる」「続けれる」などは、いずれも「ら抜き」ことばです。ただし、「れる」で終わるのがすべて「ら抜き」ことばだというわけではありません。

「まだまだ走れる」

「このハサミ、よく切れますね」

「これさえあれば、クルミの殻も、かんたんに割れます」

これらは「ら」が抜けているのではありません。これは、文法に照らしても、「ら」のないのが正しいのです。

「あまり食べれません」は「ら抜き」ですが、「このナイフはよく切れる」は、そうではありません。「よく切られる」とすれば、可能の意味ではなく、受身の意味になります。「ナイフが切られる」などというのは、意味をなさなくなります。

これまでの日本語の文法では、上一段、カ行変格活用の動詞は「られる」と

「ら」を入れて可能を示し、その他の五段活用の動詞には「れる」の語尾をつけるとされてきました。けれども日常生活で、どれが上一段、下一段で、どれが五段活用の動詞かなどと考えている人はいないでしょう。学校で習ったかもしれませんが、忘れてしまっているでしょう。忘れていても、ずっと「れる」と「られる」を正しく区別して使ってこられたのは、こどものときに身につけた絶対語感がしっかりしていたからです。口が覚えていたのです。その絶対語感がここへきて崩れたのです。

戦後、家庭におけることばのしつけ、はじめのことばの教え方がおろそかになって、絶対語感が固まらないまま育ってしまった人たちがふえました。そのために、日本語全体の絶対語感が崩れたといえるでしょう。「見れる」「寝れる」「食べれる」ということばを何の抵抗もなく使う人は、幼いときに「見られる」「寝られる」「食べられる」という言い方を知らないまま、めいめいの絶対語感を固めてしまったのです。

消えたのは、「ら」ばかりではありません。「い」も抜けかけています。これを「ら抜き」ことばにならって、「い抜き」ことばと呼んでいる人もいます。

「走っている」が「走ってる」

「勝っている」が「勝ってる」

などといった具合で、話しことばでは、「いる」が、みな「る」に変化しようとしているのです。ただし、改まった文章では、やはり「いる」でなくてはいけません。このような「ら抜き」や「い抜き」の現象は、ことばをなるべく短くしようとする、時代の好みの表れと見ることもできます。ことばにも節約の原則というものがあります。それでなるべく短くしようという気持ちがはたらきます。

短くするのに、省略があります。固有名詞には、漢字がいくつも並んでいることが多いため、長いものがすくなくないのですが、経済法則とでもいうのでしょうか、短縮され、略語になるのです。「生活協同組合」と言う人はいません。「生協」という略語を使います。文部省が文部科学省という新しい名に変われば、さっそく「文科省」という略称が使われます。「かんぽ」は簡保、簡易生命保険の略ですが、ローマ字のkampoはアメリカの金融市場で、一大勢力として注目されているといいます。アメリカ人は、「kampo」が簡易生命保険の略であることは、もちろん知らないでしょう。

略語でも面倒だというのでしょう。ローマ字の頭文字だけにしてしまうことも多いようです。JRはJapan Railwaysの頭文字で、六つの旅客鉄道会社とひとつの貨物会社の共通の略称を英語にしたものです。JR、JRと言っている人の大半は、そんなことは知るよしもありません。ありがたいことに、ことばは知らなくても、電車に乗るには差支《さしつか》えがないのです。NTTがNippon Telegraph and Telephone（Corporation）の略であることを知っている人が、どれほどいるでしょうか。さらに、もとの日本名、日本電信電話株式会社の名を知る人も、すくないと思われます。公社だったころは、電電公社と呼ばれていましたが、電電とはなんのことか、知ろうともしないで使っていました。

NHKは日本放送協会のローマ字書きの頭文字をとったものです。古くからの名だけあって、おとなしい略称ではありますが、日本放送協会という名前を見て、NHKとは別の「協会」でもあるのかと、錯覚する人もなかにはいたようです。

世の中が忙しくなり、テンポが速くなると、ことばも短くなる傾向がつよまります。アメリカの学者によると、大きな戦争があるたびに、ことばは短くなるといいます。短くならないものは、頭文字だけになります。急ぎの通信に長いことばは不便だからです。新聞も大事件の見出しにはなるべく短いことばを使おうとします。

日本語で、ことばが消える、一部が落ちる、というのも、つまりは、背後のそういう社会的事情によるのでしょう。こどもにことばを教える親は、めいめいの絶対語感をもっています。それを急に変えることは困難ですが、すくなくともそれが、これまでのことばとどのように異なるかの反省は必要でしょう。

「カタカナ」を考える

このごろまた、カタカナのことばがときどき槍玉《やりだま》にあがっているようです。わけのわからないカタカナ語、外来語が多いというのです。かつては、カタカナ語が多すぎる、日本語でもいえることを、なぜカタカナ語でいうのか、という、どちらかといえば量的な問題だったのですが、このごろは、多すぎるとはいわないようです。むしろ、意味の問題で、わからないから困るというのです。

これは、ある面からみれば、カタカナ語が、日本語に定着しはじめたために、カタカナ語に対するアレルギーというものが減ったことを意味するのかもしれません。ただ、なんとなく耳になじんではきたものの、よくよく考えると、やはり意味がわからないというので、問題が生じてきているのです。

すこし前まで、一般にいちばん抵抗のつよかったのが、「インフォームド・コンセント」と「アカウンタビリティ」でしょう。「ガバナンス」もあります。多くの人がよく耳にするのに、ほとんどの人が、意味がよくわからないというのです。インフォームド・コンセントは、要するに、治療について医師が説明して、患者が同意することなのですが、それを日本語で簡潔にうまく表現できないまま、カタカナ語のほうが、先にひとり歩きしてしまったようです。考えそのものが、これまでの日本の医療ではなじみのないものだけに、かりに漢字に置きかえてみても、わからないのは同じかもしれません。いずれにしても、多くの日本人には、わかりやすいことばとはいえないようです。

アカウンタビリティは、行政や企業が求められているもので、「説明責任」という訳語がつけられています。訳語があるにもかかわらず、カタカナ語のほうが多く使われているのは、やはり、新しいことを表すためには、カタカナ語のほうが適当だという気持ちがあって、それに流されたのでしょう。もっとも、説明責任だけで、アカウンタビリティを伝えることはできません。本来は、たんに説明責任だけではなく、法的責任をもふくむのが、アカウンタビリティだからです。つまり、訳語はあるものの、かならずしもぴったりと意味が重ならないことや、新しい概念は、カタカナで表したほうが感じが出るというので、カタカナ表記が用いられているのかもしれません。

「ガイドライン」「ベンチャー」「アーバン」「アイデンティティ」「コミット」「マーケティング」「モラル・ハザード」「ユーティリティ」「ディレギュレーション」など、いずれも、日本語訳よりも、発音をそのままカタカナにしたものが、日本語として使われています。すこし前から、政治家が「マニフェスト」ということばで有権者を煙《けむ》にまいています。〝国民総背番号〟といわれて葬り去られたものが「マイナンバー」として実施されようとしています。

発音については、ちょっとした変化がみられます。かつては、とくに地方などでは、ＰＴＡを「ペーテーエー」と発音する人がほとんどでした。いくら「テー」でなく「ティ」だといわれても、「テー」としか言えないのです。野球の「ジャイアンツのファンだ」というときの「ファン」も、「不安」の音でなく、「ファン」となるのだといくら言っても、そうは発音できませんでした。英語にしかない発音が、なかなか定着しなかったのです。

曲がりなりにも学校が英語を教えるようになって、こういう英語の音が、出るようになりました。「ファ」とか「ティ」と発音できます。アカウンタビリティ、アイデンティティ、ディレギュレーションも、いくらか原音に近くなっています。かつて有力大臣が、「エティケット」のつもりで「エテケット」といい間違えたことがあります。また、十年ほど前にも、「ＩＴ」のことを、「イット」と言った大臣がいて、話題になりました。中学で「it」という語を覚えて忘れなかったのは殊勝なことですが、インフォーメーション・テクノロジーことアイ・ティ（ＩＴ）を「それ」（it）とするのは発明かもしれません。さすがに最近では、このようなことも昔話になったようです。

テレビ番組のタイトルにも、いつのころからか、カタカナ語がぞろぞろ出てくるようになりました。ワイドというのは、何が「ワイド」（幅広い）なのかわからないままで、何百万もの人が見ているのだから、のんきなものです。ネットワークというのも、放送局の部内用語だったものが流出したのかと思われます。テレビでは、カタカナ語を使ったしゃれが好まれます。すこし昔の例ですが、「あつまれ！わんパーク」の「わんパーク」というのは「腕白」と「パーク」（公園）とをだぶらせていたのでしょう。「どっちの料理ショー」も、「料理をしよう」と「料理ショー」をかけたのでしょう。「ぐるナイ」という番組がありますが、ひらがなとカタカナを使い分けているところを見ると、しゃれたつもりなのでしょうが、正直言って、わけがわかりません。

役所、お役人が、またひどいカタカナかぶれです。「○○所」とすればよいのに、「○○センター」とします。同じ大学でもセンターがいくつもあります。センターというのは、中心ということですから、中心がいくつもあっては、まるくはおさまらないだろうと心配されます。中国ではこのセンターを中心と訳しました。日本でも、中心とできないわけはないはずですが、カタカナにかぶれると、そうは考えないのでしょうか。

カタカナ語、とくに、前にもあげたような、わけのわからないカタカナがふえてきました。なんとかしなくてはという声が起こってきて、黙ってはいられなくなったのでしょう。先ごろ、国立国語研究所が、わかりにくいカタカナ語を邦訳しようという試みを始めました。

たとえば、インフォームド・コンセントは、国立国語研究所の試案では、「納得診療」というようになっています。苦心の作だとは思うのですが、いかにも不細工《ぶさいく》です。すんなり広まるとも思われません。高齢化社会といわれるようになって急に脚光を浴びたのが、「バリア・フリー」ですが、これに国立国語研究所は、「障害撤去」という訳語を与えました。これでは、障がい者をとりのぞくような誤解を招きかねません。

このように見てみると、おもしろいことに気づきます。原語の英語は二語ですが、訳語は漢字四字になっています。以前から、漢字の四字熟語が流行して、その辞書までありますが、外来語の訳を考える人も、それに影響されているのでしょう。明治のはじめ、それこそおびただしい外国語を取り入れなくてはならなかった時代に、当時、外国語を学んだ人、英学者はみな、英語だけでなく、漢学もよく勉強していました。これが、英語を翻訳して新しい訳語をこしらえるのに、たいへん役立ったのです。

漢学の素養、知識をもった英学者たちは、英語の名詞を片っ端《ぱし》から漢字二字に訳しました。煙草《タバコ》、麦酒《ビール》、硝子《ガラス》（これらは、原音をのこし、意味のほうを漢字にしました）、文学、哲学、汽車、電車、自由、権利、内閣、銀行、鉄道、演説、簿記《ぼき》、鉛筆、洋傘《ようがさ》、公園、演説、議会などなど。

はては、外国の固有名詞まで漢字二字にしてしまったのですから、おそれ入ります。ナポレオンは「奈翁《なおう》」、シェイクスピアは「沙翁《さおう》」と呼ばれました。ロンドンは「倫敦」、ニューヨークは「紐育」、パリは「巴里」、ローマは「羅馬」でした。なかには、苦しいものもあります。大学のあるオックスフォードは、オックス（牛）フォード（津）を結んで「牛津」としたのはいいのですが、ケンブリッジは、ケン（剣と音訳）とブリッジ（橋は意訳）を結びつけて、「剣橋」としたのです。音と意味をチャンポンに訳し、それを結びつけて、すこしも怪しまなかったというのも、いま思えば不思議な話です。以来、「牛津」「剣橋」は、日本人のあこがれの大学となったのです。

このように、明治の外来語は、漢字訳されたために、うっかりすると、日本にもともとあったことばのように、錯覚しかねません。当時の日本人は、このような外来語を、もとから日本にあったことばと同じように使いながら、外来の文物《ぶんぶつ》を取り入れていたのです。

第二次大戦後、ふたたび、大量の外来の文物が入ってきました。こんどは、ヨーロッパではなく、アメリカ中心でした。これを受け入れる日本側には、訳すことのできる人はあまりいませんでした。語学をやっている人は、みな外国語ばかり勉強していたので、漢字の素養はお寒いかぎりだったのです。そのうえ、戦後は漢字制限も行われ、使える文字はいちじるしく窮屈《きゅうくつ》になっていました。かりに、英語を日本語に置き換えようとする人がいても、洪水《こうずい》のように押し寄せてくる外国語は、どうすることもできませんでした。「オートメーション」を「自動制御」とするようなことも、ないではなかったのですが、結局は普及しないでオートメーションということばが使われ、さらには「オートメ」ということばになったのです。

漢字には訳せず、ひらがなの日本語に訳すのが至難《しなん》だとすると、最後に残された道は、音をそのまま移すしかありません。明治以来、日本が行ってきた、音を捨てて意味を訳す「意訳」の伝統はあっさり捨てられて、逆に意味を捨て、音を移す「音訳」に、方針が転換されました。そうして生まれたのが、カタカナ語です。意味を捨てて訳しているのですから、わかりにくいのはしかたのないことです。

音を移すといっても、カタカナでは、忠実に音を再現できるはずはありません。オートメーションなどは、カタカナとしてよく音を移しているほうですが、それがオートメになったのは、日本人の四字四音好みを表しています。というのも、ここ三十年くらいの間に、わが国で、根をおろし、広く使われている外来のことばには、四字の原則が認められるのです。つまり、カナ四文字にすると、広く流通するのです。

パーソナル・コンピューターは、「パソコン」となって、飛躍的に普及しましたし、ワード・プロセッサーなどという舌をかみそうなことばは、はじめから使われず、「ワープロ」と呼ばれて身近なものになりました。ファクシミリははじめ、新聞社などでも、ファクシミルなどと、原語の発音を間違えてカタカナにしていたのですが、のちに「ファクス」となって、落ち着きました。いま、ファクシミリという語は、学校の教師でも、ひょっとすると知らないかもしれません。

「ハイテク」はハイ・テクノロジーの四音化ですし、「アイ・ティ」は、インフォーメーション・テクノロジーの四音化です。デジタルカメラは、すぐに「デジカメ」と和風に呼ばれるようになりました。

また、「リストラ」は、リストラクチャリングの四音化ですが、もとの意味を忘れて、解雇、合理化の意味で使われています。人員整理などということばを使うより、リストラということばを使ったほうが当たりがよいことを、見越しているのでしょうか。

セクシャル・ハラスメントも、しばらくは、そう呼ばれていたようですが、方々《ほうぼう》で事件が頻発《ひんぱつ》するようになり、いちいち、こんな長々しいことばを使ってはいられなくなって、「セクハラ」という語がつくられました。このようなことばがつくられると、ますますセクハラが多くなったような気もするから不思議です。

こうして、カタカナ語がつぎつぎとつくられ、広まっていくその過程で、日本人のこころのなかには、カタカナはいいという気持ちが生まれてきたようです。とくに外来語が好きというのではありません。力づよく、新しいイメージをもつ、カタカナそのものが好まれるようになったのです。これは、日本人の多くの人の絶対語感の変化を暗示するもので、見のがすことはできません。

もともと、女性の服飾とか化粧品などには、カタカナが多く用いられていました。そのころから、すでに、カタカナは、かっこいいことばだったのです。しかし、他方で、多くの日本人の頭には、カタカナは幼稚だというイメージも、ひそんでいたのです。

もちろん、これは昔の話で、いまの人は、カタカナが好きです。若い人たちだけではありません。いい年をした人でも、カタカナの名前がついていると、買いかぶってしまいます。漢字だと、重苦しく、古くさい印象になるというのでしょうか。

そういう傾向がはっきりしてきたのは、四十年くらい前からだと思われます。はじめは単発的に、カタカナ語が使われていたのですが、やがて、流行になりました。

ついで、アルファベットを使うようになりました。

いちばん大きなきっかけは、日本電信電話公社が民営化されて日本電信電話株式会社となり、ＮＴＴという通称を名乗ったことです。ついで、ＪＲやＪＴなど、それにならうものが出てきました。

アルファベットをならべるのではなく、カタカナを社名にする企業も、続出しました。なかには、長年、売り込んできた社名を惜し気《おげ》もなく捨てて、何の会社か見当もつかないようなカタカナ名になるところも出てきました。ひとつには、社会の変化に対応して新しい事業部門をつくり、それが中軸になってくると、昔ながらの社業を表す漢字ではかえって具合が悪くなる、という事情もあるのでしょう。とにかく、カタカナ社名の企業のほうが、新しく活気ある会社、という印象を生じるほどになってきています。

たとえば、漢字だけだった社名を、「トヨタ」「ホンダ」「カシオ」「フジタ」「アサヒビール」「キリンビール」「ニチレイ」「レンゴー」「トクヤマ」「エーザイ」「マキタ」「ヤマハ」「セイコー」「スズキ」「デンソー」などなど、カタカナ名にした会社は、東証一部上場企業だけ見ても、数十社はくだらないでしょう。とくに多いのが、輸出関連の企業です。国際化ということと、カタカナ好みというものが、おそらくは無意識のうちに結びついているのかもしれません。

いまの時代、カタカナのことばを使わずに生きていくことはできませんが、どうしてカタカナ語がふえてきたかというようなことは、心得ておきたいものです。ことばは新しければ新しいほどよい、というのではないということもわきまえていなくては困ります。

室内のことば

戦後、関西へ領事として来ていたイギリスの外交官が、帰国する前の、日本人の親しい知り合いたちとの会合で、こんな打ち明け話をしたといいます。日本はとても住みよく、いい国だけれど、イヌが夜なくのと、日本人が話すときの大声には、正直言って悩まされた、と言ったそうです。

このような話を聞くと、日本人は、すこし耳が鈍感なのかもしれないという気がします。イヌの夜なきをひどく気にする人は、それほど多いとは思えません。よほどのことがなければ、人の話し声を、とくに大声だと思うこともないでしょう。しかし、そう言われてみれば、そうです。集まりのあと、一杯機嫌《きげん》の人たちが叫んでいるようにしゃべるのは珍しくありません。それは特別な場合で、ふだんはそれほど大きな声で話してはいないと、なんとなく思い込んでいます。なれてしまっているのです。

けれども、もしかすると、私たち日本人は、耳が悪いので、大声が大声に聞こえないのかもしれません。大声など出していない、とお互いにそう思っているのは、当人たちだけの思い込みかもしれないのです。

こんな話があります。ある学者が、ヨーロッパへ留学して、そこで知り合ったチェコの女性と結婚しました。やがて、奥さんといっしょに日本へ帰ってきたのですが、奥さんは、日本語がよくわからなくて、ずいぶん心細い思いをしたそうです。

ある晩、奥さんがひとりで、夫の帰りを待っていると、通りでとんでもない大音響がしました。奥さんは、国を出るときに、日本は地震が多いそうだからよく気をつけるようにと、母親から注意されていたのです。それで、とっさに、もしかしたら、これが地震の音かもしれないと、思ったのです。あわてて表へ飛び出してみたのですが、あたりはしんと静まり返ったまま。遠くに、赤い提《ちょう》灯《ちん》が見えるばかり……。音の主は、焼きいも売りだったのです。

このあと、帰宅したご主人に、奥さんはこう言ったそうです。ヨーロッパでは、夜、あんな大声をあげたら、ただではすまない……。

日本人の耳はきたえられているからか、焼きいも売りの声ぐらいでは、いちいちおどろいたりはしません。馬耳東風《ばじとうふう》と、聞き流します。

このチェコの女性のおどろきほどではありませんが、最近、人の話す声が、大きくてびっくりすることがあります。日本では、かつては、一般にもの静かな話し方が好まれたのではないかと思われます。すくなくとも、多くの人の絶対語感では、大声ははしたないという感じがあったようです。

ことに若い人の大声が、気になります。女子高生が数人集まっていたりすると、話し声ではなく、叫び合っています。人の話を黙って聞くどころか、何人かが、同時にしゃべっています。小さな声では聞いてもらえないとでも思うのか、お互いに競い合って、わめいているのです。高い声で、わめくというのでもなく、吠えるというのでもなく、まさに名状《めいじょう》しがたい大音声です。雑音のオーケストラが、あたりに響き渡っても、別に気にとめる人もありません。

人が話しているときには口をはさんではいけない、というしつけなども無縁に育ったのかもしれません。テレビを観ながらしゃべるには、小さな声では聞こえないから大声になるのだという人もいますが……。

室内でも、同じことがいえます。エレベーターのなかでは、話はしないというのがマナーです。どうしても話をする場合には、ささやく程度の声で話すものです。ところが最近は、手放しでしゃべる人がいます。

いつだったか、あるデパートのエレベーターのなかで、おしゃべりがあまりにうるさいので、エレベーター嬢の案内が聞こえないことがありました。あまりのことにエレベーター嬢が、

「おそれ入りますが、もうすこしお静かに願います」

と、注意しました。すると、まるで、どうして、しゃべってはいけないのか

わからない、といったふうで、きょとんとした顔をしていました。

廊下で、だれかが大声でケンカしている、そう思ってドアを開けてのぞいてみると、久しぶりに会ったふたりが、喜びをかわしているにすぎなかった、ということもあります。


私たちのまわりは、どんどん騒々《そうぞう》しくなってきています。まわりが騒がしいために、小さな声では相手に聞こえないかもしれないと心配して、また、大声をはりあげることになるのかもしれません。たとえば、電話をかけているときに、「電話が遠く」て、よく聞こえなかったりすると、こちらの声もつられて、つい大声になるようなものです。

「もしもし、聞こえますか」というのは、かつて、電話の性能が悪くて、遠距離電話だと聞き取りにくかったころの話なのです。最近の電話は、どんなに遠くてもはっきり聞こえるようになっているのに、電話は大声で話すものというクセが抜けないのかもしれません。

いや、それでは、電話の性能がよくなった時代に生まれた人たちまでが、大声で話すのをどう考えればいいのかわかりません。やはり絶対語感が遺伝していると考えるべきでしょうか。耳が鈍いのでしょうか。

電車やバスのなかで、ケータイをかけている人は、自分がどれほど大声で話しているのか、なかなか気がつかないようです。電車の騒音のなかで話をしようとすれば、どうしても声は大きくなるものだということを、もっと注意するべきでしょう。

もともと日本人の語感は、室内のことばを美しいとしてきました。室内のことばだから、母音《ぼいん》が多く、優しい感じを与えることばだったのです。これに対して、ドイツ語のように、長い間、森のなかで生活していたとされる人々のことばは、つよい子音《しいん》がよくきいているため、力強いけれども、どこか荒々《あらあら》しい印象を与えるのです。

ところが、このごろ、その日本語に絶対語感の変化が起こっているようです。ひとつには、日本語が、室内から戸外へ向けて動き出したためだと思われます。

このごろの若い人は、大声で、子音をきかせたことばを話すから、実際以上に、刺激的に聞こえます。お互いに話していることばがほかの人の耳に与える印象について、よく考えないといけないでしょう。

「命名」に表れる語感

こどもの名前ほど、日本語の変化をはっきりと表しているものはありません。かわいいわが子に、すこしでもよい名をつけようという親心は、いまも昔とすこしも変わりはないものの、つけられる名前には、時代によって特色があります。数十年前とくらべても、はっきりとした違いがみられます。これは、親となる世代の絶対語感が変化したということです。

とくに、命名者の絶対語感に変化がはっきりとみられるのは、女の子につけられる名前です。

本来、女の子の名には、美しいものであることを願う気持ちがこめられています。しかし、なかには、ひどいものもあります。こどもはもうこれ以上はお断り、というのでしょう。留子《とめこ》と名を付けたりしました。

戦前に多かった女の子の名前を見てみましょう。仮名にすると、

ゆき　ゆみ　ゆり　きく　きみ　きぬ　きり　すみ　くみ　ふみ　ふゆ

のような名前が多くみられます。これだけでは、すこしわかりにくいかもしれませんが、同じ名前をローマ字になおしてみると、

yuki yumi yuri kiku kimi kinu kiri sumi kumi fumi fuyu

のようになります。つまり〔i〕の音と〔u〕の音が目立つのです。これは、偶然ではありません。このような名前によって、かわいらしさ、ほっそりした、小さいことなどを象徴しているのです。そしてそれは、それぞれの音のもつ特性にもとづいています。

次の頁の図をごらんになってください。

これは、矢印のほうを向いた人が、それぞれの音を出すときの、口の開き方と、舌の高さの略図です。

〔イ〕音は、口をいちばん小さくして舌を前方上へもっていって発音し、〔ウ〕

音は口を小さく、舌を奥の上へもっていって発します。〔ア〕音が、口がもっとも大きく開かれ、舌を下にして発音されます。〔エ〕音と〔オ〕音は、それぞれの中間です。

　母音の性質として、口を小さく舌を前に出す〔イ〕音（キシチニヒミリはいずれもイ音をふくんでいます）は小さな、かわいいものを示すのに適しています。〔ウ〕音（クスツヌフムユル）は奥ふかい、小さなものを暗示します。このような音声の表すものについては、日本語だけでなく、英語など他の外国語でも、ほぼ共通しています。たとえば、英語で小さい

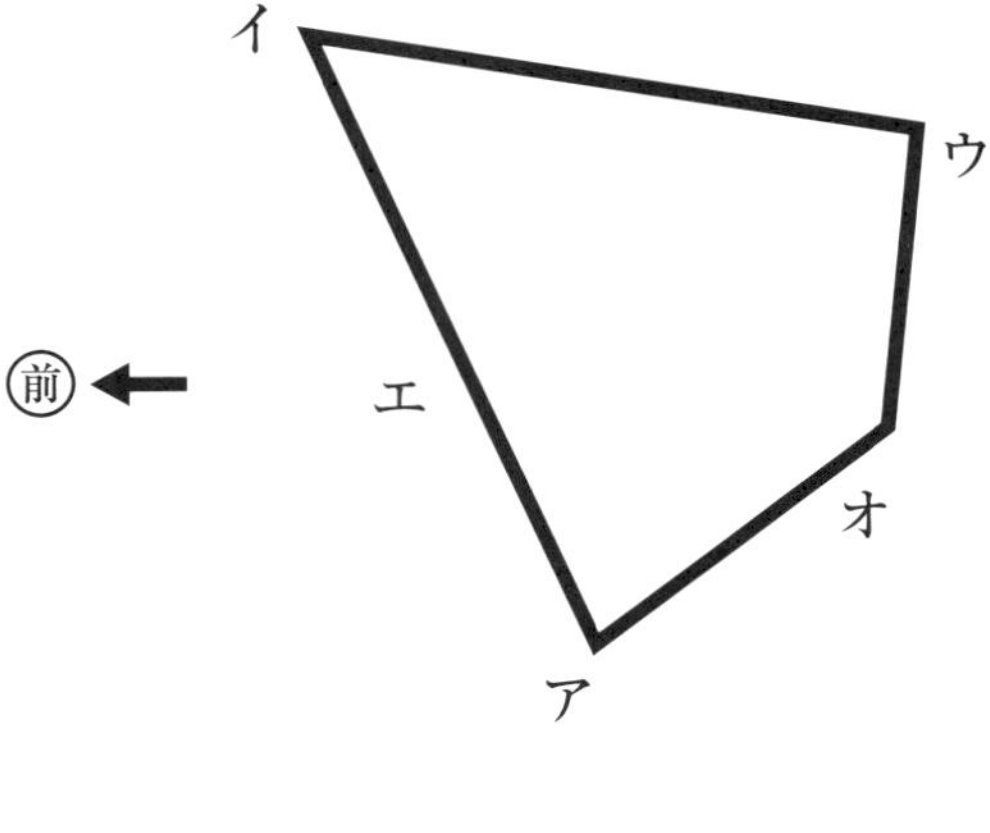

という意味を表す「リトル」、かわいいという意味の「プリティ」などは、いずれも〔イ〕音が中心となっています。

同じようにして、〔ア〕音（カサタナハマヤラワ）はどちらかというと大きく、ひらかれた感じを与えます。

さきほどの例のように、ゆき、ゆみ、ゆり、きく、など〔イ〕列と〔ウ〕音の結びつきでできている名前は、かわいらしさや愛くるしさを象徴し、暗示するので、女の子の名として好まれたのです。それに対して、太郎とともに、日本人の代表的な名前とされる花子に、それほど人気がなかったのは、不思議のようですが、ひとつには、は〔ha〕、な〔na〕と、二つとも大きさを感じさせる〔ア〕音がふくまれているからでしょう。文字は美しくても、音が気に入らないというので、それほど人気がなかったものと思われます。

ところが、このような〔イ〕音と〔ウ〕音を中心とした命名が、おもしろいことにこのところ大きく変化してきているのです。はっきりしたことはわからないのですが、おそらくは、1964年の東京オリンピックのころに生まれた赤ちゃんあたりから、変化してきているのではないかと思われます。
それまであまり人気のなかった花子式の名前が台頭してきたのです。たとえば、

あや　まや　まな　さなえ　わか　さやか　かな

などです。ローマ字にしてみると、

aya maya mana sanae waka sayaka kana

となって、〔a〕音がずらっと並んでいます。口を大きくあけて発音するのですから、のびのびと、大らかに、明るい感じを与えるのが特徴です。〔イ〕音と〔ウ〕音が中心だった、かつての命名とは正反対の印象を与える音です。もちろんこれは、親たちが、そういう音のイメージを好むようになってきたことを暗示しています。

それと同時に、女性の名前が、話しことばのなかで考えられていることがわかります。かつて、名前をつけるときには、漢字のもつ意味を生かしてつけることがほとんどでした。同じ「ゆきこ」という名前にしても、幸子とか、雪子

というように、漢字の意味を考えて、書き表したものです。

ところが、近年の命名は、漢字を使うには使うのですが、意味を捨てているのです。仮名の代わりに、漢字を使うのです。たとえば、「ゆりこ」さんは百合子ではなく、由梨子としたりします。百合の花をイメージして命名しているわけではなく、まずは音を優先して考え、それから好きな漢字をひらがなと同じ感覚であてはめているのです。このような漢字の使い方は、古く万葉集にも見られるもので、万葉仮名と呼ばれています。それになぞらえて、「昭和平成仮名」と呼ぶ人もあります。

これが、現代の親たちの世代の絶対語感です。つまり、文字の意味を中心に考えてきた命名から、音を中心に考える命名へと変化してきたわけです。若い世代の絶対語感は、耳のことばを優先するようになってきているといえるでしょう。

おもしろいことに、女の子の名前にくらべ、男の子の命名は、伝統的で、いまだに意味中心につけられることが多いようです。いかにも、ごつい、肩をいからせて、ふんぞり返っているような名前もすくなくありません。たくましさをあらわすのが特長です。

健太　剛介《ごうすけ》　雄樹　拓也　真哉

などなど。いつだったか、むちゃな父親がこどもに「悪魔」という名をつけて、世間をおどろかせたこともありました。いずれにしても、男の子の名前は、女の子とは違って、音声とは縁がうすく、「目のことば」をもとにしています。男女平等などといわれながら、生まれてすぐにつけられる名前からして、まったく異なる扱われ方をするというのは、いささか皮肉です。

第4章

絶対語感で伝える親のこころ

形式を軽んじる愚かさ

美しいことば、美しい日本語ということが話題になるのは、どういうわけなのでしょうか。それだけ、ことばが乱れているとか、日本語が美しくないと思う人が、ふえているのかもしれません。

けれども、とりたてて美しいことばを大切にしようとか、美しい日本語を使おう、などといわなくてはならないのは、やはり、どこかおかしいのです。本来なら、まっとうなことばを、普通に使っていればいいはずなのです。それがおのずと、人それぞれの絶対語感に反映しているはずです。

四十年くらい前にも一時、美しいことばを大切に使おうということが、しきりにいわれたことがあります。おもしろいことに、そのころ行われたアンケー

トで、もっとも美しいことばとしてあげられていたのは、
・おはよう（ございます）
・こんにちは
・さようなら
・ありがとう
・こんばんは
など、日常のあいさつのことばでした。日常のあいさつのことばを美しいと思うのは、日本人の特異なところかもしれません。かつて、イギリスのある小説家が、英語でいちばん美しいのは、pavement（ペイヴメント＝舗道《ほどう》）だと言っていたのを、思い出します。ふつう、美しいことばといえば、音の美しさをいうのでしょう。ペイヴメントが美しいと感じられるのも、イギリス人の絶対語感です。

これに対して、日本人が美しいと感じることばとは、音だけではなく、そのことばの表す気持ちや意味が好ましいもののようです。つまり日本人にとって、

ことばは、生活習慣や作法とは切り離して考えることができない、心情的なものなのでしょう。

それにしても、「こんにちは」とか「さようなら」「ありがとう」のような日常のあいさつが美しいと思われるのは、逆に、使われることがすくなくなってきたためなのかもしれないという気もします。もしかしたら、失われつつあることばへの郷愁《きょうしゅう》なのかもしれません。ふだん使っているものを美しいと思うのは、やはりすこしおかしいでしょう。

実際、このごろの日本人は、あいさつをしません。あいさつが下手《へた》です。ある技術者が、アメリカの研究所につとめることになったのですが、三カ月もしないうちに、ノイローゼのようになってしまいました。その研究所では、事務所の脇《わき》を通って郵便物をとりに行くようになっていたのですが、その際、事務の女性にあいさつをしなかったというのです。女の人に声をかけるのになれていなかったのかもしれません。日本にいるときはあいさつされても、ろくに返しもしませんでした。

ところが、事務所のほうでは、なぜ彼はあいさつをしないのか、おかしいではないか、けしからん、ということになり、やがてみんなから目の敵《かたき》にされるようになってしまったというのです。これには、本人もまいったようです。

習慣の違いということもありますが、あいさつのこころ、つまり、あいさつはしなければいけないという感覚が身についていれば、たとえことばにはならなくても、気持ちは通じるものです。ちょっとうなずくだけでも知らん顔よりはましです。それもしないで通りすぎるというのは、その人のことばの語感の問題です。あいさつをする習慣がついていなかったのです。

こういうことになってしまったのは、クルマがいけない、という人もいます。かつて、みな歩いていたころは、道で会えば、あいさつは当然でした。親しい人なら、ちょっと立ち話くらいはしたものです。人間関係も、それだけ濃密《のうみつ》で、ことに、農村などでは、近所に住んでいて、あいさつをしない人は、ほとんどいませんでした。

ところが、クルマが普及して、立ち話はおろか、あいさつもできなくなってしまったというわけです。みなが急いでいます。うっかりして、事故でもおこしたら大変。お互いに、そう思っているのです。これでは、〝無愛想な社会〟になってても不思議ではありません。

九州の山間《やまあい》のある村に行ったときのことです。朝、旅館を出て、あたりを散歩していると、登校するこどもたちが、おはようございます、と丁寧にあいさつをしています。こちらは見ず知らずの風来坊《ふうらいぼう》ですから、突然あいさつされて、びっくりしました。かわいらしい小学生から生意気ざかりの中学生まで、みな同じようにおはようございます、と、あいさつをするのです。

あとで、村長さんから聞いたところによりますと、その村では、あいさつをする運動をしているということでした。山の子たちは素直に、土地を訪れたよその人にも、いちいちあいさつをしていたのです。訪れた人はこころを打たれ、その村をいつまでも忘れることができなくなります。

けれども、このようなケースは、例外でしょう。いまは、どこに行っても、あいさつのことばはあまり聞かれません。かつては、同じ職場ですらあいさつをしない若い人がいるといって、年輩の人がなげいたものですが、いまは、そういう声さえ聞かなくなりました。あいさつをしない世代が、年輩になったためかもしれません。

アメリカからイギリスへ行って暮している女性が、イギリス人のあいさつに感心して、ニューヨーク・タイムズ紙へ寄稿《きこう》しました。それによると、イギリスでは、なにかというと手紙であいさつをするというのです。そのアメリカ人は、大会社の社長宅の隣に住んでいたのですが、顔を合わせたことは数回しかなく、口をきいたこともほとんどありませんでしたが、ときどき手紙で、お元気ですか、うちの庭のライラックがきれいです、などといったことを書いてきたそうです。何ともいえない、いいものだと、このアメリカ人女性は、すっかり感心しました。

これは別のイギリス人家庭のことですが、別のところに住んでいるひとり息子が、ときどき両親のところへ来て食事をします。息子が帰ったあとで、両親は別々に、はがきや手紙を書くというのです。きょうは楽しかった、来てくれてありがとう、そういうことを、すぐに書き送る。息子も、家に帰ると、その夜のうちに礼状を書く……。このように、親子といえども、きちんと手紙であいさつをする。そういうのが、イギリスのしっかりした家庭で、実に羨《うらや》ましいことだと、このアメリカ人は感心しています。

日本人は、あいさつをしなくなったばかりではなく、手紙も書かなくなってしまいました。都会の学校にいる息子、娘が、うちに手紙を書くことは、まずないでしょう。電話ならかけます。このごろは、メールを送ることもあるかもしれませんが、手紙やはがきは、まず書かないでしょう。ラブレターだって書かない時代なんだから、と言った人がいますが、日本の手紙文化は消えようとしているようです。

たとえば、会の案内が来たとします。これこれの会をするから、いついつまでに「ご都合《つごう》をお知らせくださいますようお願いします」などとあるのに、受け取ったほうは知らん顔で放っておきます。ものを知らない人ではありません。いい年をして、いっぱしの仕事をしている人間でさえ、返事も出さずに放っておくことがあるのです。

会の幹事は、返事を待っているのですが、なかなか集まりません。何人ものの人が、返事なしのまま当日になってしまいます。ところが、返事がないので欠席なのかと思っていると、当日になって飛び入りなどといって、現れる人もあるのです。学校の教師などにも、こういう人がすくなくないというのですから、困ったものです。

返信用のはがきには、あらかじめ受取側の住所氏名が印刷してあって、「○○行《ゆき》」となっています。返事を出すほうは、「行」を消して「様」と書いて投函《とうかん》するのが常識です。企業の係とか、会などだったら、「御中《おんちゅう》」とします。ところが、こういうこともわからなくなって、そのまま出す人があります。これも、敬語のこころが失われたからでしょう。

また、返事のところで、「御出席」「御欠席」のどちらかに○をおつけくださいというのが、このごろ一般的な様式ですが、この「御」は消して、「出席（欠席）」とし、あとに「いたします」とするのがよいのです。それなのに、「御」をそのままにして出す人が、すくなくありません。「御住所」「御芳名《ごほうめい》」とあるのは、「御」を消し、「御芳」を消して住所と名前を書きます。こんなことは、おそらく学校では教えないでしょうから、家庭で注意しなくてはいけないのですが、親が知らないのではしかたがないのかもしれません。たとえ知らなくても敬語のこころがあれば自然にわかることです。

出欠をたずねられるような案内ではなくても、手紙やはがきをもらったら、返事を出すのはあたりまえのことです。何か、特別な理由でもあれば別ですが、そうでなければ、もらいっ放しにしておくのは、失礼になります。電話なら、かかってきたのに、口をきかない人はいないでしょう。手紙はものを言わないので、話しかけられているということもわからず、鈍感になるのでしょうが、返事をしないで知らぬ顔をしているなどというのは、無礼なことだとわからないのはおかしいのです。

手紙を書くのは面倒だという人がすくなくないようです。家に、はがきが切れていることもあります。便箋《びんせん》や封筒の用意がないこともあるでしょう。いま、家にはがきや切手が一枚もないという人も、すくなくないでしょう。みな、電話が便利でいいと言います。けれども、ゆとりある生活とかゆたかさは、いくらかの不便さや不自由さ、そして、少々よけいなことでも、あえて時間をさいてすることのなかから生まれるものです。

あいさつはしないけれども、盆暮れは贈り物はするという人がいます。けれどもそれは、プレゼントのマナーを知らない人のすることです。デパートなどから、品ものを送るだけでは、失礼にあたります。かならず、これこれをこういうわけでお送りしました、という案内を出さなくてはなりません。案内は、品ものが着くまえに届かないとおもしろくありません。昔は、ものだけを贈ることは、送りつける、といって、たいへんよくないこととされました。なかには、失礼だといって、そういうものは受け取らない人もあったくらいです。まして、知らない人からの贈り物などの場合、どんな危険なものかもしれません。用心するのは、当然のことでしょう。

もらったほうのマナーも、乱れています。もらったら、かならず、いただきましたという礼状を書かなくてはなりません。目上の人には、封書で出すのが礼儀ですが、よほど忙しければ、「略儀ながらとりあえず」とことわって、はがきを出してもいまは許されるでしょう。いずれにしても、すぐに礼状を出すことが大切です。

このあわただしい世の中で、そんなのんきなことがしていられるか、といって、礼状のかわりに電話をかける人もいるようです。電話がかかってきたというので、何事かと思って電話口に出てみると、「このたびはどうも結構なものをありがとうございました」だけだったりします。お礼を言うために、相手をわざわざ電話口に呼びつけているのですから、おかしな話です。

礼を言うのはまだよいほうかもしれません。全然、反応しない人がけっこういます。気のおけない相手なら、送った側で、着いたかどうか尋ねることもできますが、そうでない相手だと、そうはいきません。問い合わせては、お礼を催促《さいそく》しているようで、はばかられます。気をもんで、いらいらするのです。ついに待ちきれないで、さりげなく着いたかどうか尋ねてみると、

「ええ、とっくに着きました。いただきました。たいへん結構でした」

などと、あっさり言われて唖然《あぜん》とすることもあります。

いまは昔、といっても昭和十年代まで、日本人は候文《そうろう》で手紙を書いていました。いまの人は想像もつかないかもしれませんが、これはなかなかおもしろい文体です。候文だと厄介なことも、案外さらりと書けるのです。昭和天皇の侍《じ》従長《じゅうちょう》を務めた人に、戦後になっても、断りにくい依頼は、候文で断っていたというエピソードがあります。

現代は、形式をきらう時代です。形式があっては、窮屈だと誤解しているのです。けれども、そのように言う人は、形式のよさを知らないのです。形式が

しっかりしていれば、表現は比較的簡単です。美しいことばも、形式のなかにあります。

手紙には、形式があります。これは、日本だけでなく、欧米諸国でも同じことです。手紙というものは、たいてい形式がしっかりしているものなのです。ところが日本では戦後になって、形式は古いというので、捨ててしまいました。このため、候文はあっというまに消えてなくなりました。

入社試験で、「拝啓」ということばは、手紙の末尾にもってくることばだと答えた若者が何人もいたそうです。形式が崩れ、手紙を書くのがむずかしくなり、書く人も減ってしまったことがわかります。

それでは、形式を捨てたあと、日本人がどのようにして手紙を書いているのかといえば、候文の代わりに、「です」「ます」を、使うようになったのです。ところが、実際にこの文体で書いてみると、なかなか手ごわいことがわかります。思ったように、うまく書けないのです。何を言っているのか、わけのわからない手紙になったりするのです。

形式を捨ててしまった日本人にとって、形の整った手紙というものは、事実上、姿を消してしまったといえます。そのため、手紙はいよいよ書きにくくなり、いよいよ書かれなくなっています。「です」「ます」文体の手紙は、まだ美しくなるほどに成熟していないといってよいでしょう。

イギリスやアメリカの手紙は、百年前とほとんど、形式が変わっていません。じつに保守的です。手紙をよく書く人は、形式をおろそかにしないのです。日本人は、日本に培《つちか》われてきた手紙の文化を失いつつあります。あいさつをしなくなったのは、こころの荒廃《こうはい》と、ほとんど軌《き》を一《いつ》にしています。絶対語感が、それだけ崩れたということでしょう。

男ことば・女ことば

きまったことばを合《あい》の手、口ぐせのようにはさまれないと、ものが言えない。そういう人が、すくなくありません。同じことばを意味もなく、くりかえすのです。このような口ぐせは、人が聞くと、耳ざわりです。

「すごく」ということばが、そういう口ぐせのことばのひとつになっていたことがあります。ある大学の大学院の面接試験で、女子学生が、しきりに「すごく」を使いました。たまりかねた老教授が、

「その『すごく』をとって話してくれたまえ」

と注意しました。すると、その学生は、そのまま黙ってしまい、涙を浮かべたのです。「すごく」ということばではずみをつけないと、ことばが出てこな

かったのです。それほど流行した「すごく」ということばも、いつとはなしに下火になり、やがて、「すごい」ということばが現れました。「すごいキレイ」というように、形容詞をともなって用います。普通の文法では、「キレイ」のような形容詞を修飾するのは副詞でなくてはなりません。「すごくキレイ」なら、そのルールに合うのですが、「すごいキレイ」では、形容詞が並び、形容詞で形容詞を修飾することになります。文法上では破格《はかく》です。けれども、口ぐせとなれば、そんなことは、どうでもよくなるのでしょう。みんな仲よく破格のことばを用いて、なんとも思わないようです。

日本語がすこしわかる外国人が、

「日本人は、たえず、『やっぱり』『やはり』と言っています。時によって意味がちがうようですが、正確な意味は、どういうことですか」

と、尋ねたことがあります。これも、口ぐせのことばです。意味は、などと改めて聞かれても、当惑します。使っている本人は、意味など考えたこともないでしょう。よくわかりませんが、ことばの調子をつけるのに用いられているのです。

この「やっぱり」「やはり」ということばについては、国語の辞書も、かつては、ロクに定義もしませんでした。いくらか、定義らしいものが見られるようになったのは、昭和四十年代ころからでしょうか。『新明解国語辞典』が、先鞭《せんべん》をつけたようです。ところが今度は、若い人たちは、「やっぱり」「やはり」を捨て、縮めて「やっぱ」という言い方をするようになりました。やや日本語ばなれした音であるのが気に入ったのか、最近ではこちらのほうに、人気があるようです。

「トカ」ことばも、新しい口ぐせのひとつです。

「熱を出して、学校を休みました」

と言えばいいところを、

「熱とか出たりして、学校休みました」

と言うのです。言い切らないで、いくらかぼかしたところが、口ぐせになるのです。あえて、あいまいな言い方をするのです。あるいは、意識しないまま、あいまいな感じを出すのです。

「あの建物、まるでお城みたい。やな感じ」

と言ったりします。この「みたい」「感じ」も、若い人の口ぐせです。はっきり言い切らないで、ヴェールをかけるような言い方をするのです。すこしボカしたほうが美しいと思われているのかもしれません。「みたい」は崩れて、「みたく」になることもあります。

そういえば、「ウソ」「ウッソウ」という口ぐせも、ひところ若い女性の間でしきりに使われました。

新しいことばづかいの多くが女性から生まれるのは、原始、ことばが女性中心であったことを思わせます。「ウソ」は嘘《うそ》のことではありません。もちろん、本当のことでもありません。ただの合の手です。意味など、どうでもよいのです。「あっそう」といったようなものです。その後、「ウソ」は「ホント」にとって代わられました。これは、英語でいえば、「リアリィ」（ホント）という語に通じます。これも「あっそう」くらいの意味合いです。「ウソ」と言われて、腹を立てていたお年寄りもいたようですが、かといって、「ホント⁉」と言われても、これはこれで、おもしろくありません。

いずれにしても、このようなことばは、口ぐせで、ほとんど意味はないと言ってよいでしょう。


このごろはやっている口ぐせのひとつに「……じゃないですか」があります。疑問の形をしているけれども、相手の答えなど予想していません。間接的に同意を求める言い方です。

「朝、起き抜けにはげしい運動をしてはいけないというじゃないですか」

というのは、

「…いいますね」

と、いったくらいのところです。「ね」はおとなしく響きますが、「じゃないですか」には迫力があります。それが気に入って、使われるのでしょうか。

もうひとつ新しい口ぐせに、ことばではなく、語尾があります。句切りをつけて、心もち語尾をあげる言い方です。たとえば、「春の旅行、これからがシーズンですが……」の「旅行」のあと、句切って、尻上がり調子に言うのです。俳句では、「切れ字」という、ことばの句切り方がありますが、現代の尻上がり句切りは、会話の切れ字だといってよいかもしれません。

また、古くから広く使われる口ぐせに、「さ」があります。「きのうの午後サ、デパート行ってサ、買いものしたのよ。そしたらサ、帰りにばったり、だれに会ったと思う？　エリちゃんよ」といった具合です。これも句切りを示すもので、尻上がり調子と同じように、会話の切れ字だといえます。俳句の切れ字は一句でひとつときまっていますが、このような会話の切れ字は、むやみと出てくるのでときに耳ざわりに感じられます。けれども、口ぐせになってしまえば、話すほうでもどうしようもないということかもしれません。

よその子に、女の人が尋ねます。

「その本、だれに買ってもらったの」

「おじいちゃん」

「そう、おじいちゃんに買ってもらったんだ」

この「…たんだ」の語尾も、ひとつの口ぐせになっています。こればかりではありません。女の人なのに、語尾に、「なんだ」という、男ことばを使います。

かつてだったら、

「おじいちゃんに買ってもらったのね」

とでも言うところですが、相手の言ったことばを、おうむ返《がえ》しにくりかえし、「たんだ」「なんだ」で結ぶところが新しいのです。


もともと、「だ」というのは、「である」の短縮形ですから、なんとなく雑な感じがします。口語的です。それで、文章には使わない、という人が、かつては多かったのです。女の人が文章で「だ」を使うというのは、いまでもまだすくないでしょう。使えば、目ざわり、耳ざわりになります。ところがそれが、相づちをうつときの口ぐせとして現れて、広く使われるようになったのです。

日本語は長い間、男のことばと女のことばが別々になっていました。話すことばでは、とくにそれがはっきりしていました。

外国人が、日本の小説などを読んで感心するのは、日本語の会話は、男女ふたりなら、どちらが言ったのかすぐわかることだといいます。英語などだと、とてもそういう具合にはいきません。だれが言ったか、いちいち、はっきりと明記しなくては、わからなくなってしまうのです。

ところが、「……したんだ」という言い方が、男女の区別なしに使われるようになると、このような日本語らしさが消滅することになってしまいます。女らしいことばなどは不要だという意見をもつ人もいるようですから、ひょっとすると、こういう中性的表現は、これからどんどんふえていくかもしれません。それは、男性が、女性的な言い方をするようになったことと、関係があるようにも思われます。先にものべましたが、「うまい」と言えばいいところを、「お

いしい」と言い、さらに一歩すすめて、「おいしい話」などと言う男性まで出てきました。かつては

「あの店、ちょっといけるよ」

と言ったところを、

「あのお店はなかなかおいしい……」

と、やさしく言う男性があらわれたのです。

わずかずつですが、男女の言語差は縮まりつつあります。男女の絶対語感のへだたりは、今後もっと小さくなっていくと思われます。

体を動かして身につけたことば

いまのこどもは、生まれたときから、ずっとテレビの近くで育ちます。そのテレビはたえずしゃべって、たいへん雄弁《ゆうべん》です。それにひきかえまわりの大人たち、おかあさんは、かつてにくらべて、こどもへのことばがすくなくなっています。こどものことばの先生はテレビになっていることもあります。

テレビのことばは自然ではなく、つくられたものです。実際の生活からかけはなれています。見ることばです。自分でしていることと関係がありません。頭だけのことばは、どうしても、ものの名前、知識が多くなります。その分、動きのあることば、動詞が貧弱です。もちろんこどもにそんなことのわかるわけがありません。大人だって、気がつかない人が大部分です。多くのこどものことばがゆがんでいます。

ある幼稚園での話です。先生がこどもたちに、

「もちあげます」

と言いましたが、こどもたちはキョトンとしていて、通じません。びっくりした先生が、〝もちあげる〟ということばを知らないのかと、みんなにたずねたところ、気のきいたひとりの子が、

「モチ（餅）をあげる、の？」

と聞いたので、先生は大笑いしたそうですが、こどもたちは、またキョトンとしていたというのです。

ものをもちあげるという経験がなくて幼稚園へ入ってきた子たちが、もちあげる、がわからなくても不思議ではありません。テレビでもおそらく、〝もちあげる〟ということばを使っているでしょうが、絵そらごとのなかでは、ピンとこないから、こどもの身につかないのです。

ものをもちあげたことのない子は、一度や二度、このことばを聞いても、そ

れを身につけることはむずかしいと思われます。モチというのはものの名前だから、わかります。生活のなかではさほど大切ではないかもしれませんが、二、三度聞けば、覚えられます。ところが、〝もちあげる〟ということばだけを聞いても、実際に、そういう動作をともなわないことには身につかないのです。

こどもは、具体的状況のなかで、ことばを身につけます。こどもには、やかましくいえば、まだ生活というものはありませんが、遊びのなかでことばを覚えていくのが望ましいでしょう。テレビはその代用をすることはできません。

実際の行動、生活からかけはなれた映像によって多くのことばを覚えるのがいまのこどもです。まわりの大人は、手をこまねいて、それを見ていますが、たいへんなことです。人間の歴史のなかで、こんなことはかつてありませんでした。テレビのなかで育ったこどもは、新しい人類だといってもけっして過言ではないでしょう。

実際に行動、経験しないで、頭だけでことばを覚えていくというのは、かつてはなかったことです。日々の普通の生活のなかで、体でことばを覚えていくというのは、古いのでしょうか。そんなことはありません。すくなくとも、こころを育むことばは、〝身をもって〟習得するほかはないものです。

イギリスの作家、ジョージ・オーウェルが、「イギリス人が生活をおろそかにしたために、汗のにおいのすることばがすくなくなった。それが、英語をひ弱なことばにしたばかりではなく、イギリス人の精神も脆弱《ぜいじゃく》にした」という意味のことをのべています。動きをともなわない、生活から遊離《ゆうり》したことばではたくましい精神を育てることができないというのです。

こどもはとにかく動くことです。前にも言いましたが、こどもにはまだ本当の生活というものがありません。何か目的をもって生きるのが生活ですが、こどもの活動にはそういう目的がないのが普通です。つまり、遊びです。こどもは遊ぶことによって心身ともに成長していきます。

遊びといってもゲームではありません。体を動かす遊びです。ときには汗をながし、息をはずませ、喜びに体をふるわせる遊びのなかで、ことばも身につけます。自然に近い状況のなかで、自然なことばを身につけます。

テレビ漬《づ》けになったこどもは、もともとの遊びを忘れています。そういうなかではこどもをのばすのは困難でしょう。

母のことば

このごろの家庭は、どうもすこし考え違いをしているようです。よその子よりよくできる子に育てたいという気持ちが先に立つからでしょうか。とかく、特別なことをさせたがります。珍しいことを喜びます。普通のことではだめだと思っているのでしょう。いつもこどもに変わったことをさせたがっています。

教育は幼稚園からでは遅すぎる、などといわれると、すぐ浮き足立って、ろくろく母国語もできないようなこどもに、英語を勉強させ、これで大きくなって外国語で苦労することはなくなると喜んだりします。

神様は人間にひとつのことばをお与えになりました。やむをえない事情があれば、よその国のことばも知らなくてはなりませんが、それは、大人の都合です。日常、普通の生き方をするには、ひとつのことばで充分です。それで最高の人生を生きるには充分なはずです。歴史はそれをはっきり物語っています。「自然にかえれ」という有名なことばがありますが、いまのように、何でも変わったこと新しいことをすればいいのだというような勘違いが広まっている時代では、子育てについても、自然にかえれ、と言わなくてはなりません。勇気をもって、普通のことを着実にしていく必要があります。昔の人のしてきたことはけっして間違っていません。子育てには新しいの古いのということはないのです。何百年来してきたことを古いからといってバカにしてはいけません。

子育ては、ことばを教えることから始まることは、すでに、くりかえしのべてきたことですが、ここでもう一度お話ししておきます。

こどもは母親を中心とする家族、まわりの人たちと生きていく日常のなかで、ことばを身につけます。母親などがくりかえし、くりかえし使うことばをこどもは、すこしずつ、しかし、急速に覚えていきます。母乳語から離乳語までの〝学習〟です。何よりもくりかえしが大切です。普通のことならくりかえす回数も多くなる道理です。特別なことでは充分くりかえしができません。

くりかえしくりかえし聞いていることばは、やがて、ほとんど意識されなくなります。考えなくてもわかり、教えられなくても使えるようになります。習慣化するわけで、これが、絶対語感になります。おかあさんを中心とするまわりの人たちの使うことばが一様ではなく、ひとりひとり違っています。それで、こどものもつ絶対語感にも個人差があります。この点で、絶対音感という物理的な感覚とはっきりした違いがあります。

この絶対語感は、広い意味での、ことばの原理、つまり文法、音調、リズムというもののすべてを規制し、ひとりひとりの一生を支配し続けるかくれた個性です。ふつう、この絶対語感を自覚することはありません。これがわが絶対語感だといって見せることは困難です。ただ、ほかの違ったことばに触れたりすると、自分のことばとは違うという反応をするのです。それによって絶対語感の存在があらわれるのです。

母のことばを中心に絶対語感がつくられるのですが、日常の活動ということからしても、動きのあることばがとくに大切なようです。教育がすすんで、母親の知的水準が高くなるにつれて、ことばも観念的になりがちです。それだけ、動きがすくなくなり、汗のことばなどはほとんど姿を消してしまいかねません。

絶対語感は動きのあることばを中心にしていると考えられますから知的言語への偏《かたよ》りは、こどもの絶対語感に大きな影響を及ぼすことが考えられます。

テレビのことばは、たしかに、動きはありますが、テレビのなかの動きで、実際とは別世界です。これをもとにしてできた絶対語感は、すくなくとも、これまでとは大きく異なったものになると考えられます。

絶対語感はことばが具体的に継続的に反復して使われているうちに、おのずから結晶するものです。そしてこの絶対語感によって、ものごころも生まれると考えられます。母のことばは絶対語感をつくりあげ、この絶対語感が深化して〝こころ〟になるということです。

ごく幼いときのことばから生まれた絶対語感が、ひとりひとりの個性とこころを育むのだと考えられます。

おわりに

このごろは、ほとんど聞かれなくなったが、「総領《そうりょう》の甚六《じんろく》」ということばがある。

「お人よし。のろまな愚か者」（大辞林）という意味である。かつては、長男が跡取り息子で、おっとり、のんびり育てられ、それだけにお人よしになりやすいのを、からかい半分に甚六といったのである。

世の中が変わって、長男は特別なことではなくなった。それよりも、少子化でこどもがすくなくなった。ひとりっ子が多くなれば、長男、長女という考え方も意味を失う。

子育ても大きく変化している。母が外で働くことが多くなると、幼子の教育は保育所に頼るほかなくなるが、保育所は、こどものこころの育成を目的にしているわけではないから、きちんとした絶対語感を育むことは難しい。

ただ、ほかに同じくらいの年齢のこどもがいる点で、保育所はきょうだいのいない家庭よりすぐれて教育的でありうる。かつては甚六のいた家庭でも、あとのきょうだいがすべておかしいというわけではなかった。次男、三男が長男にくらべて、ずっとしっかりしていることも多い。

その理由のひとつに、母親が子育てになれてうまくなった、ということがあるだろう。はじめての子育てがうまくいくのは、むしろ例外的かもしれない。長男は、その教育を受けて甚六といわれたりするようになったのである。

次男からは、子育ての質が上がっている。経験もものをいう。それほど苦労しなくても子は育つ。

それだけではない。二番目以後の子には〝上の子〟がいる。その環境から、学ぶともなく学ぶことはすごぶる多いと思われる。甚六はもちろん、甚七、甚八などとなることもなくしっかりした子になる。世間では、それをおもしろ半分に、愚兄賢弟《ぐけいけんてい》とからかったりした。

少子化家庭には、愚兄も賢弟もない。ひとりぼっちである。

そういうことが、すくなくとも三十年近くつづいてきている。どういうこどもが育っているのか、実際をよく知る人はすくない。

こどもには、しっかりした絶対語感を育むためのことばの教育が絶対に必要であるけれども、だれが、責任をもって、その育成にあたったらよいのか。家庭だけでなく、社会にとっても大問題のはずである。

そんなことを考えて、ひろくことばを考えたのがこの本である。ほとんど独想といってよい。参考にするものもないまま、道なきところを、おずおず歩いているという気持ちであった。

知的能力にかけては、現代は五十年前に比べてはるかに進んでいる。その関心を、こどもの一生を左右する「ことばのセンス」に向けるのは新しいヒューマニズムである。

二〇一五年八月二四日

外山滋比古

本作品は、飛鳥新社より二〇〇三年一二月に刊行された『わが子に伝える「絶対語感」』を改題し、加筆・修正をしたものです。

外山滋比古（とやま・しげひこ）

1923年、愛知県生まれ。東京文理科大学英文科卒。雑誌「英語青年」編集、東京教育大学助教授、お茶の水女子大学教授（5年間、同大学附属幼稚園園長を兼務）、昭和女子大学教授を経てお茶の水女子大学名誉教授。文学博士。英文学のほか、読者論、テクスト論、教育論などで論考を発表。『思考の整理学』（ちくま文庫）、『近代読者論』『古典論』『外山滋比古著作集』（以上、みすず書房）、『日本語の論理』（中公文庫）、『50代から始める知的生活術』（だいわ文庫）など多数の著書がある。

だいわ文庫

日本語《にほんご》の絶対語感《ぜったいごかん》

著者 外山滋比古《とやましげひこ》

二〇一五年九月一五日第一刷発行

発行者 佐藤 靖
発行所 大和《だいわ》書房
東京都文京区関口一－三三－四 〒一一二－〇〇一四
電話 〇三－三二〇三－四五一一

フォーマットデザイン 鈴木成一デザイン室
本文デザイン 松好那名(matt's work)
本文イラスト かまたいくよ
本文印刷 歩プロセス
カバー印刷 山一印刷
製本 ナショナル製本

ISBN978-4-479-30554-5
乱丁本・落丁本はお取り替えいたします。
http://www.daiwashobo.co.jp